U0069557

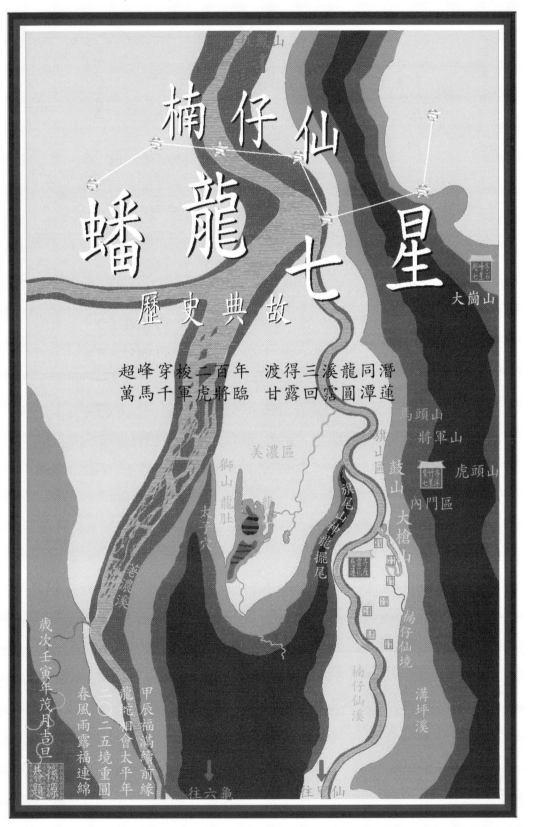

青龍孟章瀰濃水

白虎監兵羅漢山

楠仔仙蟠龍七星

歷史典故

潛同龍溪三得渡　　超峰穿梭二百年
蓮潭圓露回甘露　　萬馬千軍虎將臨

# 楠仔仙蓮潭觀音

旗山圓潭慈雲寺主殿祀奉　鎮殿主神觀音佛祖　青龍神位天上聖母　白虎神位池府千歲　妙莊王　中壇元帥　土地公　觀音佛祖坐騎虎爺公　五營神將、右側偏殿龍位　地藏王菩薩　降龍十八羅漢、左側偏殿虎位　註生娘娘　伏虎十八羅漢。

觀音佛祖有著歷史悠久的傳奇典故，二百六十年前的慈雲寺座落處是傳說中的蓮花寶座穴、千萬年來啜飲著楠仔仙溪精華，源於白玉龍山北玄武之境、蓮花寶座能孕育出鳳凰蓮花，此七彩蓮花盛開於圓潭口隘埤仔底，日後將有皇后娘娘出世母儀天下，若是此寶穴與美濃太子蛟龍、內門龍潭虎穴、白玉龍（玉山）鰭尾（旗尾山）及鼓山之「旌旗戰鼓」連通一氣，這些地區將有真龍天子磅礡出世。

清康熙六十年（西元1721年）、內門區鴨母王朱一貴、高舉大明義旗反清動亂二個月、攻入台南府城稱王、雍正十年（西元1732年）、吳福生夥同朱一貴舊部的鳳山之戰亂，讓乾隆皇帝爺寢食難安、為了防範臺灣再次造反叛亂、杜絕撲滅爭奪皇位之戰亂烽火、遂於乾隆二十八年（西元1763年），聖旨詔令薩滿大法師，協助臺灣知府蔣允焄（小蔣），前往鳳山縣破壞各地龍虎穴氣，蔣允焄等人順利破敗內門、美濃及旗山地理後，卻難以攻

破楠仔仙口隘蓮花寶座穴、瑤光破軍星穴靈氣，遂於四頁山大坪頂、六張犁大槍山、三貢山天權星穴、下堤仔天機星穴；擺下黑魔邪咒之巫術。

因而楠仔仙境的北斗七星斗杓穴、鳳凰蓮花皇后穴、圓潭境主蓮花寶座穴遂被破敗，導致楠仔仙溪水質變壞、沿岸居民羅患烏腳怪病：

「楠仔仙好漢、臭腳綁雙層、黃酸大肚桶、求天渡苦擔。」。

當時盛行著此詞曲、便是地理破敗的慘況，而慈雲寺蓮花寶座地理根基既已被損壞，守護楠仔仙的　觀音佛祖降旨詔令臺灣知府蔣允焄、在阿蓮大崗山興建超峰寺，藉其北斗七星斗杓穴之天地靈氣，普渡安境阿蓮地區及穿梭來回修復楠仔仙地理，觀音佛祖留下籤詩偈語：

「超峰穿梭二百年、渡得三溪龍同潛、
　萬馬千軍虎將臨、甘露回霑圓潭蓮。」。

歲月如白駒過隙、二百多年前的乾隆皇權年代，轉眼間到了民國五十三年的歲次甲辰龍年，　觀音佛祖聖誕進香時、降旨的籤詩「甲辰福滿續前緣、**龍蛇相會太平年。**」，將回駕超峰寺多年來尊稱「後頭厝慈雲寺」，隨著溝坪溪、楠仔仙溪、荖濃溪等三條山溪匯流於里港橋下、應驗了「渡得三溪龍同潛」，而陸軍八軍團進駐口隘、下堤仔、埔姜林及尾莊，則應驗了「萬馬千軍虎將臨」，民國四十八年八七水災、展現了天地玄黃洪荒之力，

迫使敗地理的「大坪頂倒插竹」連根拔起，「靈山頂七寶銅」出土見光，「三貢山巫咒碑」傾倒崩離，讓圓潭慈雲寺的信徒終於盼得「甘露回霑圓潭蓮」。

民國五十八年歲次己酉冬至時令、慈雲寺大廟新建完成後、遂成了圓潭口隘里民的活動中心，廟寺熱鬧祭祀慶典、除了定期的遶境出巡、恭祝　玉皇大帝聖誕、　觀音佛祖聖誕、犒賞五營兵、中元普渡、冬成集福……，回憶起那生活困苦的六十年代，最快樂的莫過於農曆年之勝景，樂天知命的大圓潭居民、穿著新衣新鞋至慈雲寺燒香拜佛後，隨卽融入人聲沸騰廟會中，玩樂有車馬炮及擲骰子博弈、吃的則是生番茄沾薑糖醬油、烤香腸、臭豆腐、爆米花等，流連忘返至通宵達旦猶未歸……。

煙腸川仔於盛夏酷暑時分、踩著拼裝腳踏車、冰淇淋歌穿繞著口隘街巷：「好吃呀！好吃呀！凍凍果、大家來吃凍凍果……」、另有「爆米香喔！掏米來爆米香喔……」、「破銅爛鐵可換麥芽糖……」，誘使孩童們死纏要零錢、挖空米缸去爆米花、扛著鍋盆碗瓢換麥芽糖……。

# 楠仔仙蟠龍七星目錄

## 第一章
# 高人指點尋恩源

　　話說十多年前返鄉遊子的我、回到高雄市旗山區圓潭口隘、延續多年前的這段　觀音佛緣、就從民國九十三年歲次甲申大暑季令、一個玄奇的際遇開始說起吧！

　　筆者在高雄市鳳山市區參加一個很重要的飯局，因有其他事務耽擱而遲到十多分鐘，最後到達餐廳包廂，揮去額頭豆大汗水匆忙進入廂房後、連忙點頭如搗蒜地道歉致意，朝著緊鄰著門口且是最外面僅剩的空位，正要坐下來敬酒致意時，坐在對面中央主位的貴賓主客、卻倉促且恭敬地站起來直視著我，坐在一旁的民意代表及金融高階人士，也不知所措的趕緊陪著站立、神秘貴賓身旁的民意代表及金融人士忙著解釋說：「非常抱歉呀、國師教主！忘了先向您介紹一下、這位少年仔、是個從事房地產的小潘啦，身份地位尊貴的國師，您就不用如此多禮地起立致意啦，哈哈！搞得立法委員、及諸位地方上的仕紳、地方民意代表也得陪著您站立迎接。」。

　　但這位國師並不理會他們的勸說，繼續站著微笑點頭的看著我身後的門口，又似乎專注地聆聽著門外風中的呢喃，弄得參加宴席的眾人一頭霧水，而我也不知如何是好，只能傻站著陪著眾人尷尬地笑……。

過了好一會兒這位貴賓才坐下，所有人也才跟著落座，眾人遂催促我遲到該自罰三杯，餐宴酒過三巡之後、談笑當中，身邊的立法委員介紹天師是位知名人物，曾是台灣首長級人物旁劉大掌櫃的大國師，亦曾任道教第幾任的大教主等云云是也……。

　　當我舉杯向天師敬酒賠罪時，他卻眉眼深鎖一直凝視著筆者、似乎在思索著重要事情的這位神祕國師、突然對著我說：「剛才潘先生你最後進入包廂時，我恭敬地站起來、並不是在向你表示敬意，而是在迎接你身後無上尊貴的三位老大……。」。

　　筆者雖然心中有點茫然不知其所云，但長年在他鄉外里闖蕩事業，宗教的各種禮俗也多有接觸，已大概意會到所說的應該是神佛之事，我們二人雙方素來互不相識、初見面一開口就是佛祖神靈之說，真是江湖職業人等所謂的：「話說三句不離本行」、小弟我雖為後生小輩、亦不太想領教也！

　　我漫不經心地聽他娓娓道來：「中央主神很好辨識是　大慈大悲觀音佛祖、左龍位也很好辨認是　天上聖母媽祖娘娘、右虎位黑面長鬍鬚的看不太清楚應是　王公或是王爺，這三位神佛老大傳達旨意給我說、祂們都一直保護著你從小到大，年少輕狂飆速開車的你，發生二次非常嚴重車禍，能幸運大事化小沒死而只是輕傷，都是三位神佛老大在保護著你（口氣轉為嚴肅）、方能逃過死劫，你想想看是否真有此事嗎？」。

　　聽完大師說的話後……頓時之間背脊發涼的我、全身發抖地

回答說：「是！確有此事。」。

我極不願意、也不想回憶起這二段可怕的往事、黯然氣若游絲地說：「嗯……」。

「第一次是；多年前的夜晚與台中彰化及故鄉多位好友、去屏東高樹鄉的山上吃山產野味、我們兩對夫妻同坐一台車，回程時深夜視線不良，開車途經丁字形路口時來不及轉彎，車子高速衝進高美橋下溪畔，只聽到好友的一聲：啊…………然後車子就飛進了黯淡無光的空際、短暫如電光火石的視覺，車子下墜於暗黑濃霧的溪谷上空、彷彿是有隻大手托住轎車底部、讓車子沒有翻滾平穩地、掉在荖濃溪畔溪石中間的泥砂地、才沒因為撞擊溪石而爆炸、而車上的我們只受了輕傷。」

「第二次是深夜裡我從台中獨自開車回家，中午所喝的喜酒尚未醒酒完畢及長途的車程、導致疲倦昏昏欲睡，到了故鄉旗山、便鬆懈地直打瞌睡。半睡半醒中，當我打開了沉重的眼皮突然發現，車子已經到了旗山農工斜對面轉彎處，因緊張踩錯油門而大力撞上圳溝旁電線桿、撞擊致使我昏了過去。待醒來時、車子排檔箱卡在前進D檔、繞著電線桿畫圓圈自轉，我醒來時車子正繞到馬路中央，手排檔壞了又無法控制、嚇得我心驚膽跳，待車子慢速繞回路旁時，我用腳大力踢排檔桿回到P檔才停住，急忙踢破窗戶爬出車外，才發現賓士車頭幾乎全毀、而我只是因爬窗時右手劃破傷。」

我說完了這些不堪回首的往事之後、這位通靈大師他就接著往下說：「 觀音佛祖　天上聖母　黑面王爺公說：有極重要的事要找你去幫忙處理。」。

　　我聽完大師的話後急忙問道：「請問大師、祂們有交代什麼事嗎？」。

　　這位通靈大師笑著回答：「嗯！沒有喔、沒有交代說要你去辦何事。」。

　　我焦急地再次請教說：「請問大師、祂們有說是來自何處的寺廟嗎？」。

　　神通大師悠悠地回答：「哈哈！祂們也沒有說是來自何處的廟寺呀！」。

　　我茫然不知所措的急問道：「可否再麻煩大師請示一下祂們觀音佛祖　天上聖母　黑面王爺祂們是來自何處，否則旗山區廟宇這麼多間、要去哪裡尋找呀？」。

　　通靈大師不太愛理睬地回答說道：「沒辦法！祂們早就已經離開了！」。

　　我低頭無言想著去那裡尋找？對我有天大恩情的三位神佛？過了許久之後……，宴席中眾人無所不談的聊著、酒宴吃到一半時、這位通靈國師才冷冷對著我說：「不知何處來的三位神尊老大有提到 觀音佛祖　天上聖母　黑面王爺坐鎮的寺廟、從你祖父及父親延續下來，跟你家已經有了三代的淵源、三位老大才會從小到大如此保護著你，若這樣還想不出來，我也愛莫能助嚕。」。

隔日我詢問父母、兄弟姊妹都找不出答案，思索了許久得到最後結論是：筆者自己的家中有祀奉　觀世音菩薩、源自於外公的年代就開始祭拜幾十年了、與我家有三代淵源、賓果！太好了，三位神尊老大中央主神　觀音佛祖找到了！

　　筆者的外公是跟著工程隊從新竹南下承包工程，在楠梓仙溪圓潭段的河堤工程施工時、跟外婆在口隘庄的埤仔底相識而結為連理，筆者的媽媽就是在那裡出生的，而埤仔底天德門所祀奉的主神是　開漳聖王王公、與我家同樣有著三代之淵源長久歷史，哈哈！再次賓果、三位神尊老大右側虎位　開漳聖王王公找到了！

　　那麼跟我家族有著三代淵源的左側龍位　天上聖母媽祖娘娘、到底是何方神聖啊？又是坐鎮於那間宮壇寺廟呀？我特意跑去旗山老街的百年媽祖娘娘廟尋根、還有許多座有祀奉天上聖母的廟宇探詢，找了好多天都沒有結論，後來暗自反覆地思考著，既然此三位神尊老大有重大事件要我去處理、又不肯明示何事及來自於那座寺廟主神，應是天時地利及人和的時機未到呀！等待到時機成熟時、自會顯現神蹟出現於筆者眼前，故而慢慢淡忘了尋找三位神尊老大的這件事。

## 第二章
# 回頭浪子還宿願

　　幾月後我與圓潭當地好友泡茶閒聊，談及本地的境主公廟慈雲寺、管理委員會的主任委員就在明天要重選了，舊任的主任委員亦是圓富里的里長伯、要將主任委員寶座傳給林副主任委員，廟寺中的大小事務傳承順利後、連里長寶座的地方人脈也要傳承給他。

　　泡茶閒聊時、慈雲寺劉達禎委員表情無奈的談論說：「這十多年來都是他們掌管慈雲寺廟中事務，多年來習慣就會慢慢成為自然，沒有人會去爭奪這個無給薪的主任委員位置，慈雲寺這間廟寺是大圓潭的境主廟、被這班老人如此保守的守成方式經營，較年輕的信徒委員，所建議的廟務諸事，都不被主任委員及廟寺的幹部採納使用，已經越來越少人會去拜拜囉。」。

　　眾人天南地北地聊著說著、劉達禎委員突然帶頭建議、要提名慈雲寺的委員歐忠更先生，去跟現任的副主任委員競選此屆主任委員，當時同座一起泡茶的廟裡委員信徒郭秋發、陳榮華及歐忠順先生紛紛都附議贊同，只有多年沒去圓潭境主廟慈雲寺拜拜的我、心虛的低著頭不敢表示任何意見。

　　只見歐委員笑著揮手推辭說：「提名我去競選主任委員？你們要害我去出糗喔！我是本地里民信徒眼中的漂泊浪子，去跟一

楠仔仙蟠龍七星：歷史典故

個形象良好的地方紳士競選？那不就叫作自取其辱嗎！」。

歐委員若有所感、惆悵地望著遠方，嘆了一口長氣而有所感觸地說：「我之所以去慈雲寺裡做義工幫忙、及加入管理委員會的委員，是幾年前誤入歧途時、觸犯法律一審被判徒刑多年，在拘留所中懺悔懇求慈雲寺　觀音佛祖原諒、及保佑自己能從輕量刑，就在　觀音佛祖的庇祐之下二審減刑、及在獄中的表現良好、因此得以提早出獄，所以我是感謝　觀音佛祖保佑才去慈雲寺還願的，只願默默地做廟寺義工、不奢求有任何的職務頭銜。」。

眾人不肯善罷干休地勸說、你既然是要還　觀音佛祖天大的恩情，那就更應該為慈雲寺出力、只是當義工默默服務是不夠的啦，必須當上主委才有更大的作為，你這次若是選不上，我們下次再接再厲去參選，慈雲寺若有人願意出馬競選主任委員，他們或許會更加積極做事，也才會廣納信徒們的建言，眾人就這樣你一句、我一句的勸進，後來歐委員經不起大家的慫恿，他才表情凝重的望著筆者說：「除非源哥（筆者）、你若願意當我的副手，我就有信心去競選主任委員。」。

我心中暗自思量、既然是慈雲寺的地方廟寺公共事務、便不加思索地回答：「既然是我們圓潭慈雲寺的廟內事務、當然好呀！我必然會全力支持你。」。

歐委員進入慈雲寺競選主任委員的事、在眾人泡茶聊天中、就這樣定案了。

隔天懷著忐忑不安的我們六人、到達慈雲寺投票的現場時、已約有六十多人到場，對方人馬本預計若無人競選、就以舉手同意直接宣佈、副主任委員接任本屆主任委員，未料到我方提名歐忠更委員競選主委，廟寺的幹部心不甘情不願的草率拿了一些筆紙、要大家在紙上寫號碼投票，一號林副主委、二號歐委員，寫完號碼後、投到紙箱裡便可完成選舉程序。

　　後來開票的結果是：一號得票三十三票、二號得票三十八票、歐忠更委員贏了五票，出乎意料之外的票數，讓大家都愣了一會兒，對方廟寺幹部懷疑我方作弊、遂要求針對票數核對人數，但卻草率地沒做門禁管制。奇怪的是！信徒進進出出、怎麼算都是約七十一人，後來才匆忙將所有門窗關上，就快算到只剩六十七人在室內時…………怪事就發生了！

　　如神來一筆般地、有四名喝酒醉的委員，是對方悄悄派人召來的人馬，怒氣沖沖的說道，選慈雲寺的主任委員、怎麼沒有通知他們，硬闖入現場要投票，就因這四人的湊合、最後數來數去還是七十一人。

　　心有不甘的對方人馬、硬是不信邪，找上我方理論商量重新投票，我方覺得雙方票數勢均力敵，所以也贊同再重新投票，於是拿來了慈雲寺的官章、蓋了七十一張空白票，開票前不准任何人進出投票所，眾人領完蓋有慈雲寺管理委員官章的空白票，正在填寫號碼時，怪事又發生了！

林副主任委員低頭皺著眉頭、突然拍桌喝斥怒視著他的支持者同伴說：「你們難道都看不出來嗎？ 觀音佛祖的神意、是要讓歐委員當本屆的主委嗎？我不想選了、若要重新投票選主任委員、你們再推舉別人出來選吧。」。

　　林委員訓示得對方陣營人仰馬翻及目瞪口呆。隨後他笑著對著歐委員拱手作揖說道：「歐忠更委員恭喜喔！你已當選了慈雲寺此屆的主任委員。」。

　　說完話後表情凝重地轉身就要離開，個子矮小的林副主任委員、如有神力般的任由同伴拉扯阻止、都勸不住他快速騎車離開慈雲寺，對方人馬最後也只好悻然離去。

　　慢慢地人群散去後，只剩下不知所措的我們，默然無語地久久不敢離開慈雲寺。當晚我們聚在一起、猶豫著是否要討論當選後的廟務事宜，而歐委員卻怒氣衝天地說：「你們把主任委員的選舉，搞到對方放棄競選、就等著被廟中五營兵將修理吧！他苦笑地說：慈雲寺的主任委員除了沒薪水可領，還得出錢出力的苦公差，竟然把競選主委搞成這樣、因而選上的主任委員、我歐某可沒那個臉皮、也沒那個膽子去就任此職務喔。」。

　　眾人無語、就這樣僵持住了許久、後來眼看著眾人萬般無奈、已有散去回家的跡象、我趕緊試著打開僵局地說：「以今天主任委員的選情來看，雙方幾乎打成平手，如今事情已生米煮成熟飯、既然主任委員的選舉成了定局，明天凌晨我們就進入慈雲

寺向　觀音佛祖擲杯請示，若是屬意要歐主委你主持廟務，那就順其自然走馬上任、及開始辦理廟務交接事項，若不是、那我們就得去向林副主委道歉、懇求他原諒我們的胡鬧行為、拜託他接掌管理委員會的主任委員、主持慈雲寺的廟務。」。

　　眾人都覺得有理、都非常同意這個作法，而歐主委也就因而釋懷了。

　　隔天醒來一大早六點時刻、慈雲寺凌晨鐘鼓響起及廟門才剛打開、我們六人便匆忙進入廟中參拜、眾人焚香虔誠跪地在　觀音佛祖座前、懺悔昨日主任委員選舉的嬉鬧不當行為、虔誠向　觀音佛祖擲杯請示、昨日主任委員選舉的結果、是否就是　觀音佛祖所屬意的結果？經由詳細的稟告後請示、哈哈！真的太神奇了！沒想到、竟然連續獲得三個聖杯明確指示、果不其然、如前任林副主任委員所說的、　觀音佛祖要讓歐委員當選主任委員，既然是觀音佛祖的神意指示是如此、那我們就當仁不讓、順理成章開始辦理廟務的交接了。

楠仔仙蟠龍七星：歷史典故

# 第三章

# 返鄉遊子續佛緣

　　從小到大沒有主持廟務經驗的我們，慈雲寺管理委員會的事務交接完成後，便邀請了慈雲寺所有委員、及資深的老信徒開會請益，也向管理委員會的幾位老委員請教、廟裡的眾多神佛金尊的神號，就這樣被陳明雲、劉明忠二位老委員帶領著、逐一介紹，此時髮鬢雪白的明忠叔清了清喉嚨、用老邁而緩慢的嗓聲說著：「嗯！咳、咳（咳嗽聲）、我們就從中央主神開始介紹吧，慈雲寺內殿祀奉的三位神尊、中央主神是大家都知道又十分熟悉的　觀音佛祖、大邊龍位的娘娘神尊是　天上聖母、小邊虎位的黑面有鬍鬚的王爺公是……　池府千歲。」。

　　好熟悉的一段話，頓時我全身發麻、眼眶含淚、雙腿疲軟跪倒在神佛桌前，慚愧呀！真是慚愧！弟子我理應該責罰，前些日子、大師所說的三位神佛老大、竟非遠在天邊、而是近在眼前、慈雲寺供奉的　三位主神佛祖神尊，筆者憶及年幼方五歲的孩童時，慈雲寺才剛興建完成，就被外公綁揹著開廟門，從小到大、總愛在廟裡外拜拜穿梭，渾然不知、慈雲寺與我家族有著三代淵源的　觀音佛祖　天上聖母　池府千歲，一直默默地護佑著我，跪在檀煙裊繞眾神座前，不由自主地喃喃念著：

　　「往昔所做諸惡業、皆由無始貪嗔癡，
　　　從身語意之所生、今對佛前求懺悔。」。

心中回憶在鳳山飯局中、經由大師的通靈天眼點化得知，慈雲寺　觀音佛祖祂們有非常重要的事件要交辦，我就以投擲信杯請教的方式、請示了許久都沒有答案，無奈只得跪地懇求　觀音佛祖在睡夢中以景像指示，料想不到的是、那日晚上卻徹夜難眠直到天亮，一整夜的等候期待終究沒有獲得　觀音佛祖　天上聖母　池府千歲的任何的指示。

　　隔日在管理委員會裡泡茶聊天，有位老委員說：慈雲寺前面的這塊農地、最近正在拍賣中，他曾向前任的主任委員提議、要想辦法標得此筆土地，否則多年前慈雲寺曾花費肆佰萬元、所購買的道路使用地上權就要泡湯了，唉！廟寺前面的道路若是沒有了、可憐呀！又得從廟寺的後面進出了，後來得知、以他們保守的經營方式並不想、也不敢有所作為。

　　聽完管理委員會之老委員所說的這段話、我心中終於有了個底定答案，　觀音佛祖可能是此事要我處裡，急忙快步至廟內主殿觀音佛祖及眾神佛桌前跪地請示、經由投擲三個聖杯得知確認無誤後，迅速趕至旗山地政事務所申請土地謄本、地籍圖資料，回家再打開網路法院拍賣系統查詢一看，令我嚇出了一身冷汗！要處理此事確有其困難度。

　　若要處裡此事的時間太緊迫了吧，十天後就是法院的第三次拍賣、一千五百多坪又地形方正的農地、法拍金額為肆佰伍拾萬元，因拍賣金額低價合理、市面上已傳言有人要去投標取得此標的物，如此這般的話、令人頭痛的問題就來了！

一、金額不夠：慈雲寺廟裡只有肆佰壹拾多萬元的存款。

二、時間不夠：須通過管理委員會的多數委員同意才可動用存款。

三、意願不夠：大多數的委員不同意、將廟寺的多年的存款花光去買這塊地。

幸得歐主委及幾位老委員全力支持，並且力排眾議、堅持買下此筆土地作為廟埕，經過諸位委員一番討論後，唯一解決的辦法就是與旗山農會商議，爾後透過父親農會好友林永富理事長，緊急召開農會理事會、將這筆土地停止拍賣程序，爭取到時間後、以償還本金及利息的方式取得土地，感謝旗山農會理事會、林永富理事長及林瑞成理事、圓潭地區的理事及代表的支持幫忙，還有此筆原地主劉富賢先生的全面配合，慈雲寺前的大廟埕農地、紛紛擾擾了許多年、從今往後、終於可以永遠擁有了。

本以為　觀音佛祖交代的事已完成，但後續土地過戶的問題，才是真正考驗智慧的大難關，因為大費周章買來的農地上，有一棟年代已久、高雄縣政府興建的二層社區教室，要將整筆農地過戶就得拆除它，解決了一個老問題，但也同時冒出了一個新問題。原先不同意買土地的反對派，正等著看我們這群改革派鬧出的大笑話。

一、拆掉老社區過戶土地？此方法會讓社區老人家、無教室可聚會上課。

二、依法令分割土地？此法慈雲寺只能過戶二分半的土地（約七五六坪）。

爾後筆者多日苦思尋無良策，也查遍了農地法令、及詢問多位土地代書專家，但都沒有更好的辦法，後來跪在 觀音佛祖座前祈求地說： 觀音佛祖 天上聖母 池府千歲請賜給弟子貴人相助、也請增長愚昧的弟子智慧，我實在是找不出更好的方法了，經由抽籤詩所得到的答案是：「關關難過關關過」，唉！我也知道在 觀音佛祖及眾神佛保佑下、此事必然會過關，但是……我該如何繼續辦理呀？

　　煎熬多日後、已萬念俱灰的我，在家中與父親聊及過戶事務，父親他說：「慈雲寺牌樓大門的那塊三十坪農地、是多年前買來登記在廟寺名下的廟地，與現今買來的農地是毗鄰黏在一起的、是否對過戶之事能有所幫助呀？」。

　　聽完父親的這段話、一語驚醒夢中人，我突然靈光乍現的想著，若是將要過戶的農地合併到這筆新地號，再把社區占有的土地分割留在舊地號，那問題不就解決了，經由承辦代書多日的奔波、終於有了圓滿結果。哈哈！山不轉、路轉，料想不到的是 觀音佛祖賜給我的貴人竟是父親大人，總算把土地過戶的路給轉出來嚕。

　　如今細細回想著這些多年前、處裡慈雲寺事務的過往雲煙、可說是人生如戲呀；「一位佛恩眷顧的回頭浪子、經由一場主委的烏龍選舉、償還宿願，將慈雲寺經營得是香火鼎盛，為了廟務出錢出力不辭辛勞，因此也當選連任五屆圓富里的里長了。」。

「一位知恩圖報的返鄉游子、經由一位高人的指點迷津、尋根追源，回到故鄉把困繞慈雲寺多年、廟寺前的土地終於買回來了，後來成了廟寺前的免費停車大廣場。」。

　　回想思悟著這些靈異玄奇過程、可說是戲如人生； 觀音佛祖回駕慈雲寺是民國五十三龍年尾、五十四蛇年首交接時、即是籤詩中的「龍蛇相會太平年」，俗話所謂的是無巧不成書呀！歐主委是五十四蛇年出生、筆者卻是五十三龍年生呀。

　　此一龍一蛇呀！相會於圓潭境主慈雲寺，同樣是懷著寸草心來報答慈雲寺 觀音佛祖 天上聖母 池府千歲、浩然如同三春暉的神佛之恩，浪遊黑白雙子亦然懷著赤子之心，依循著 觀音佛祖信手拈來的各種戲碼、粉墨登場磅礡上演，雖然演技是生澀難懂、而常遭嘲笑謾罵，但仍然堅持不渝、虔誠扮演著 觀音佛祖座前、文生武旦賣力的演出……。

# 第四章

# 臺灣知府蔣允焄

　　五年前父親仙逝後，筆者便辭去在台南的營建工程師職務，返鄉陪伴照顧年邁的母親，母子倆呀開聊時、常憶起外公口中的觀音佛祖的傳奇，回憶小時候於農暇時分、外公總愛拉著二胡、哼唱客家小曲，外婆雖忙碌著一家九口的飯菜、偶而也會伴著哼唱採茶歌，若是看到外公沒去農田工作，我跟小弟順明便會吵著他老人家要聽　觀音媽的二百多年的傳奇故事，外公拉著二胡伴樂，神情神祕地述說：「頭擺！頭擺（好久以前），遠在中國北京之清朝乾隆君的年代，大圓潭地區的平埔族、福佬人、客家人和諧相處，在這楠仔仙境快樂地過著農耕生活……」。

　　隨著時光隧道穿梭回到四百多年前、大航海時代的葡萄牙船隊航行至中國東海時、發現了臺灣而將其命名為葡萄牙文「Formosa」：福爾摩沙美麗之島，於明朝天啟二年（西元1622年），荷蘭東印度公司為了中國東海之海上貿易而派遣海軍、聯盟英國海軍攻打中國澳門，意圖占領後開設商館、方便與中國、日本及東南亞各國貿易往來，但遭遇澳門當時的殖民國家、西班牙及葡萄牙的聯邦軍激烈抵抗，荷英聯軍占領澳門的作戰計畫失敗後，荷蘭便轉移陣地占領澎湖島，建築商務往來的城館、就此開展了東南亞的海上貿易，並在澎湖風櫃尾設立各軍事要塞及架設砲台防禦。

占據在澎湖群島的荷蘭東印度公司，藉以經營與中國及日本的海上貿易，卻與中國的貿易船隊常有衝突，於天啟四年（西元1624年），明朝廷派遣上任福建巡撫不久的南居易，率領海軍部隊攻打占據澎湖島二年多的荷蘭人，遭受風櫃尾荷軍及砲台頑劣對抗，經過八個多月的海上激戰，明朝持續增兵支援澎湖海戰役，但雙方久戰仍是僵持不下，後經福建泉州海商李旦居中協調，荷蘭東印度公司方同意離開澎湖群島，並摧毀風櫃尾要塞及砲台，但明朝須同意不干涉荷蘭人占據臺灣，及同意荷蘭商船在中國沿海從事通商貿易，雙方的停戰協議成立後，迫使荷蘭東印度公司放棄澎湖群島，轉而攻占南臺灣大員（台南安平）、建設熱蘭遮城作為貿易基地。

明崇禎十七年（西元1644年），中國發生了「甲申之變」，闖王李自成攻入北京城稱帝，崇禎帝在煤山一棵樹上自縊身亡，大明朝就此結束滅亡，國姓爺鄭成功率領族人部屬，為了反清復明奮戰多年，從清朝順治三年（西元1646年）至順治十七年（西元1660年），在長江以南掀起了無數的大小戰役，直至最為輝煌的南京之役戰敗後，又失去了猛將潘庚鍾、甘輝等將領，鄭軍部隊元氣大傷，再加上清朝廷頒布禁海令及遷界令長期實施，迫使鄭成功賴以為生的海上貿易及海內外走私利益，還有沿海居民的支援因而就此斷絕，鄭軍困守於思明州（廈門）、浯州（金門）彈丸兩島……。

順治十三年（西元1656年），荷蘭人懷疑農田開墾領袖五官懷一（郭懷一），率領數千農民攻打赤崁的起義事件，必定是海

商鄭芝龍、鄭成功父子暗中策劃，又爲了海上貿易的惡性競爭，竟然搶劫鄭軍的商船、甚至殺害中國人警告，鄭成功遂於六月下令封鎖黑水溝海峽，而荷蘭人的下場如同「從征實錄」所記載：「……緣是禁絕兩年，船隻不通，貨物湧貴，夷多病疫。至是令廷斌求通，……遂許通商。」。

順治十八年（西元1661年）、鄭成功爲了占據南臺灣作爲反清復明的基地，由何廷斌策畫得知：鹿耳門港道位於台江內海可避開荷軍砲台、但多爲淤淺的沙洲水道，鄭軍需藉月底潮汐大漲，船隊接連陸續前進至禾寮港登陸，上岸整軍後便往普羅民遮城（赤崁樓）進軍，鄭軍以優勢的兵力逼進赤崁街，與臺灣荷蘭的大員當局、歷經九個多月的激烈交戰、致使雙方都死傷慘重，最後荷蘭終於向鄭成功屈服、黯然退出占據三十八年的福爾摩莎，臺灣史的政權統治、就在這一年山河易主。

康熙元年（西元1662年）六月、明朝的民族英雄國姓爺鄭成功英年早逝，延平王世子鄭經繼承其復國之志，明清爲了「反清復明」及「消滅明鄭」歷經四十餘年的纏鬥，疾苦百姓末路窮途於鬼門關界、死傷竟以百萬計，誠如唐代曹松大師所寫的千古絕句：

「澤國江山入戰圖、生民何計樂樵蘇、
　憑君莫話封侯事、一將功成萬骨枯。」

康熙二十二年（西元1683年）、鄭成功之孫鄭克塽、澎湖灣戰役敗於施琅率領的水師大軍，後經由其先王鄭經的顧命大臣、

即現任水陸總督劉國軒勸降之下、遂將臺灣全境歸順於清朝版圖、臺灣二十三年的鄭氏王朝、在此年又改朝換代作主。

清朝統治臺灣三十八年後、因爲地方官府的貪婪腐敗迫使官逼民反，因而發生朱一貴、吳福生以反清復明爲口號的叛亂，使得大清朝廷爲之緊張萬分，除了大刀闊斧整治貪官汙吏外，亦擔憂臺灣會再出現效法鄭成功及鄭經父子、以反清復明爲由引起中原沿海地區呼應動亂，於是對臺灣起了極大之警戒心，爾後又有諸多風水地理謀士上奏說，天文星象學家夜觀臺灣上空，星象紊亂又星光閃爍，將有帝王及皇后出世之異象。

清乾隆二十八年（西元1763年）、深諳五行八卦的蔣允焄（外號小蔣）、由漳州知府轉任台南府城臺灣知府，臨行前入宮觀見乾隆皇帝時、奉旨就任臺灣知府的首要任務：明查暗訪臺灣府台南府城、臺灣縣、鳳山縣管轄的各區域之靈山龍潭虎穴，而漳州知府公署事務，需提早半年前交接後，立即渡海至臺灣勘查龍脈地理回報給朝廷。

蔣允焄與前任余文儀知府辦理交接後，隔年又從余道台手上接任福建分巡臺灣道、自此臺灣的軍政大權均由蔣允焄掌握，他任職臺灣八年的府城元首期間，對台南的人文風俗及文化建設影響極大，蔣允焄疏濬永康里南湖及興建半月樓，重建德安橋及新建塭岸橋，改建及重整海東書院及建立南湖書院培育人才，遂在當時享有「蔣公子」之雅號，擴建法華寺成爲日後的佛教聖地、弘揚佛法引信眾棄惡向善。他熱衷於象徵「懲惡勸善」教化人民

的宮廟興建，據統計蔣允焄修繕增建的有：天后廟、大天后宮、藥王廟、水仙宮、萬壽宮、武廟、岳帝廟、龍神廟……等宮廟寺，至今大都是歷史悠久的名勝古蹟，蔣允焄對台南的貢獻可說是不勝枚舉。

享有蔣公子美譽的風流才子蔣知府、在一呼百應眾人簇擁的華麗外表下，卻有個不為人知的憂患，壓迫著這位知府大人、夜半無法入眠而暗自神傷落淚，憂心身上揹著尋覓靈山龍穴的皇命，若是知情不報而觸犯欺君大罪、不僅自身項上人頭落地、也將連累妻小眷屬死罪，但若將所探索尋獲的龍虎寶穴據實以報，經由朝廷遣派法術高深之大法師、施以惡咒巫術敗壞地理風水，將掀起一場神靈境域腥風血雨。

對於宗教信仰虔誠的蔣允焄而言，深知自己雖奉乾隆皇命敗地理，但所鑄下的惡果業障恐將禍延子孫，幸好他深諳「身在公門好修行」之道，耗盡府庫公款在台南鋪橋造路、修建七寺八廟，甚至捐出其知府薪資建立書院，彌補其在臺灣敗地理積下之惡陰德。

在台南市區傳說著奉旨渡海來臺敗地理的蔣允焄知府、在台南府城明著是修建了七廟八寺，暗地裡卻是利用廟寺增建及擴建時、藉機壓制該區域的風水地理、藉此作為呈報大清朝廷，如此方能交差了事：

一、法華寺建造觀月樓、藉其形如深插於地的綁牛繩木樁、鎮壓此處「臥牛穴」。

二、大天后宮廟前建造照牆、鎮壓此處的「活蟹穴」。

三、岳王廟兩旁建造鐘鼓樓、壓住此處「活鳳穴」的一對翅膀、牢固地將之鎮住。

四、開元寺附近豎立黑膽石墓碑、鎮壓溪流匯集而成的「活泉穴」，使其枯竭。

五、民族路與北門路中西區一帶興建梳妝樓、鎮壓該處的「猛虎跳牆穴」。

　　上述是臺灣知府蔣允焄、在台南府城敗壞地理較為人知的事件（註一），這位在臺灣待了八年的進士知府爺，究竟是位修建七廟八寺、鋪橋造路享有「德可貽後」匾額的蔣公子呢？仰或是奉旨在府城及鳳山縣轄區羅漢門、瀰濃、蕃薯寮等地破壞龍脈、鎮壓靈山寶穴而留下臭名的「尻蔣敗地理」呀？

台灣蔣允焄乘坐四神獸轎（見p209附檔圖01）

## 第五章
# 白虎監兵羅漢山

　　台南府城地理敗壞計畫對朝廷有了交代後，蔣允焄馬不停蹄不敢耽誤皇命，遣屬下通知臺灣知縣王瑛曾大人，他將化身爲蔣公子微服出巡、前往鳳山縣勘查各處地理，卻令人料想不到的是、臺灣知縣王大人正爲二位地方上的紳士富商、爭奪同一處祖墳風水地而頭痛不已，雙方的財力勢均力敵僵持不下，據王知縣陳述曰：「陳員外耗費巨資請唐山知名風水大師、於大桌山上尋得『七星墜地』龍穴，而李富商亦花費黃金請來府城地理堪輿名師、於大桌山上尋得『覆頂斗杓』寶穴，無獨有偶的是：陳員外風水師預埋之龍穴聚氣葫蘆、竟被李富商地理師之龍脈尋龍杆插中葫蘆孔，雙方爲了爭奪同一塊風水越鬧越兇，甚至憤而聚衆叫囂對簿公堂！」。

　　臺灣縣令王大人因祖墳風水爭訟無法陪行，故而從府城微服出巡的蔣公子、鳳山縣的地理龍脈尋覓之旅、第一站先前往離台南府城較近的羅漢門（內門）踏勘，而他根據王知縣的描述得知、臺灣原住民平埔馬卡道族人、居住在阿嗹（阿蓮）大桌山（大崗山）以西的廣大平原、多年來都以狩獵游牧爲生，種植蕃薯、山芋、番麥、小米、旱稻等各類農作物，在這片溪畔平原過著與世無爭、優遊自在的游獵生活。

　　明朝崇禎十七年、荷蘭東印度公司被迫離開澎湖後、轉而占

據南臺灣二十年後、建立了臺灣史上的第一個統治政權，也迫使平埔族部落漫長的遷徙過程。

荷蘭東印度公司占臺初期、只爲了將南臺灣經營爲與唐山、日本貿易的商業據點，十多年後爲了賺取殖民墾田稅收利益，派船至福建、廈門沿海一帶載運漢人來臺，大量引進漢人開墾此地，平埔族人的廣闊平原，漸漸變成了漢人耕作的田園。

爾後因漢人的大量開墾、迫使一部分的部落族人，便沿著大桌山腳，穿越大小桌山間的隙口，繞過阿公店湖，落腳在燕巢的尖山一帶居住，另一部分族人則往深水及嶺口之山區，最後退入了羅漢門外（旗山）、羅漢門內（內門）一帶，而大部分的族人及半數部落群，退入桌山以東（田寮）一帶，形成馬卡道的分支「大傑巔社」。

康熙元年（西元1662年）國姓爺鄭成功駕崩後、其子東寧王鄭經繼承王位，但其先王鄭王爺重用的太樸少卿沈光文，極度不滿於鄭經喜好聽信讒言、曾以詩詞諷刺東寧國（臺灣）的官吏制度，惹惱了東寧王鄭經憤而派人追殺他，爾後沈光文經由好友掩護協助、爲了逃避東寧王爪牙追緝、落髮爲僧逃禪至桌山念佛修禪、隔年行蹤被查獲又輾轉經由田寮山路、逃亡至平埔族大傑巔社部落居住，在此教育平埔族的幼童多年，後因其對當地居民教育「有教無類」，爾後遂享有「臺灣孔子」美譽。而「羅漢門」的地名由來、據傳說是前明朝鴻儒沈光文逃禪至羅漢門時、觀察此地區山巒群環的形態、如同十八羅漢或坐或臥守護著山門、故

將此地稱呼爲羅漢門。

　　康熙三十五年（西元1696年）、郭元興跟著母親及兄弟、奉迎三尊觀音佛祖從福建來到臺灣，安奉在羅漢門家中廳堂燒香祭拜，幾年後的某日，香爐竟飛到附近的石榴樹上，爐內的香火炙燒而未熄，此玄靈神蹟一而再地出現，雍正十一年（西元1733年）、以此爲神蹟香火地興建　觀音佛祖寺廟、成爲香火鼎盛的「紫竹寺」。

　　康熙六十年（西元1721年）、因台南知府王珍兼任鳳山縣令、藉著徵糧爲由對農民橫徵暴斂，發生了閩南籍朱一貴在內門鄉將軍山舉旗起義、後於大小桌山聚衆千人高舉「大元帥朱」反清復明，粵客籍杜君英率衆響應，戰況激烈多人死傷，先攻陷占據鳳山縣府，後又攻入台南府城於大天后宮登基、衆將擁立朱一貴「中興王」、年號「永和」，卻因杜君英對朱一貴的封賞不滿、而造成閩南籍與粵客籍對立，更轉變成日後的械鬥世仇，而勢單力薄的朱一貴、從稱王至兵敗被押至北京斬首尚不足二個月，當時盛傳著：

　　「頭戴明朝帽、身穿清朝衣，五月稱永和，六月還康熙。」。

　　朱一貴在內門以養鴨爲業、有著「鴨母王」之稱號，雍正十年（西元1732年）、又有吳福生夥同朱一貴舊部在鳳山作亂，故清朝朝廷衆臣認爲桌山及羅漢門必有特殊地理。

經由多日的步罡踏斗探索踏勘，蔣允焄發覺羅漢門地區果然臥虎藏龍，幸然有紫竹寺的 觀音佛祖坐鎮在「蓮花穴」、「七星洋斗杓穴」，亦有 觀音佛祖龍虎坐騎之吞雲吐霧的「龍潭」、虎嘯風雲的「虎頭山」，蔣知府心中慶幸著這些靈山寶穴沒有淪為私人祖墳風水。

羅漢門最為奇特的地理是：北邊的「將軍山」與南邊蕃薯寮交界的「馬頭山」相望，如同一位悍將追逐著他奔馳的駿馬，後經蔣允焄知府攀上馬頭山高峰、遙望東方蕃薯寮的群峰峻嶺，概略判斷出羅漢門的「將軍追馬」、勢將與蕃薯寮的旗尾山、鼓山所形成的「旌旗戰鼓」地理互相結合，繼而形成了：「旌旗飄揚擂擊戰鼓、汗馬虎將馳騁疆場」之勢、爾後此將軍追馬則可形成了「虎嘯風雲穴」，勘查完的蔣允焄知府心中盤算著、若能將馬頭山及將軍山氣穴破敗、即可破解羅漢門與蕃薯寮結合成衝鋒殺陣之勢。

勘查完羅漢門的靈山龍穴後、蔣公子因掛念著桌山上、七星墜地覆頂斗杓穴之龍脈靈穴爭端，遂帶著護衛隨從趕往桌山與王知縣會合，聽完紳士富商二人爭奪祖墳風水的簡報後，王知縣引導著蔣公子一行人前往勘查此地的靈山寶地、經由一整日的詳細踏勘後方知、桌山的整座山脈均屬珊瑚礁石灰岩地質，而此整座山的龍脈來源與羅漢門同樣、系乃源自於白玉龍神山（玉山），而天地間的鬼斧神工造就北斗七星珊瑚礁石、匯集而成「七星墜地斗杓穴」之氣場，蔣允焄大聲驚呼於此乃；千萬年的滄海桑田、大地物換星移、方能練就成了此般驚人的龍穴寶地，理應興

建佛寺廟宇供奉神佛、普渡衆生消災解厄、豈可淪爲商賈仕紳之富家私人祖墳風水。

蔣知府爲了阻止龍穴被私人占用、詔令臺灣縣令王知縣、令他明示二位爭奪祖墳風水的員外富賈、此龍穴寶地爭端的判決、經由臺灣知府蔣允焄大人詔令：「大淸康熙元年間、前明朝遺臣太樸少卿沈光文大人、與東寧王鄭經政見不合因而被官府追殺、他帶著從普陀山奉請的 觀音佛祖、躲避追緝而逃禪至此地念佛修禪、爾後於雍正九年（西元1731年）、又有紹光禪師在此龍穴寶地上、搭建茅草庵蘆供奉佛祖誦經念佛、視同爲將來在此所興建的佛寺開山祖師、故早已成爲佛門淨地、今後敕令此處爲廟寺專用地、若有違者依法論處重罪！」。

二人處理完桌山龍穴寶地爭端之事、王知縣向蔣允焄稟報鳳山縣之山川地理說：「知府大人容稟、據下官多方探查所得知、臺灣最高峰中央山脈的玉龍神山、神龍的巨尾伸向了南臺灣尾端蠻荒之處、頓時幻化成了『神龍見首不見尾』玄奇之神秘態勢、而此高聳入天又雲峰交疊的玉山上、有著自天山盤旋而來的兩條蟠水蛟龍、千萬年來穿嶺過峽、吞雲吐霧蜿蜒盤旋而下、故而桌山及羅漢門二地之龍脈寶穴、系乃二條水龍西側之玉龍脈絡、而此二水龍東側溪畔及中央地帶、即爲蕃薯寮及瀰濃等地區、可能尙有許多神秘的靈山龍穴寶地。」。

臺灣知府蔣允焄看完桌山的北斗七星斗杓龍穴、對南臺灣的靈山寶穴已是相當驚訝、再聽了王知縣的蕃薯寮及瀰濃地理分析

後、更是憂心忡忡地催促此踏勘之行程，處理完桌山的七星斗杓龍穴之爭端後，蔣公子及隨從由王知縣當導遊領路，前往蕃薯寮及瀰濃地區勘查走訪、王知縣率領官兵護衛著蔣知府等人、匆忙地穿越過『援剿』（燕巢）區域（註二）、眾人來到了淡水溪（里港溪）旁的蘭坡嶺（嶺口），二人帶著隨從登上了此山陵的最高處、以利於遠眺鳥瞰蕃薯寮及瀰濃區域的山形水脈。臺灣縣衙官兵沿路砍除上山的野樹蔓藤雜草、眾人到了蘭坡嶺的最高峰稍作休整後……。

俗話說的好呀！「外行的看熱鬧、內行的看門道」，眺望北方高山峻嶺的王知縣及侍衛官兵等人、皆驚嘆於北邊遠方的二條蟠水蛟龍、從玉龍神山上騰雲駕霧盤旋來到了淡水溪，此磅礴的山川氣勢美景只應天上有，唯獨蔣公子暗自悠悠的哀嘆了一聲說：「唉！本府奉旨皇上欽差來台南府城任職臺灣知府，晝夜魂牽夢縈最牽掛又最擔憂的大事……終究還是出現了。」。

# 第六章

# 白玉龍脈皇帝穴

　　深諳五行八卦勘輿學的蔣允焄知府，提早半年結束漳州知府職務，銜著皇命來到鳳山縣勘查地理、他最擔憂的是被京城的天文星象學家不幸言中、說臺灣有出皇帝的「天子龍穴」，諸多夜裡的魂牽夢縈地期盼這只是個謠傳，莫讓他揹上被咒罵的敗地理惡名，而他曾聽聞前任余知府談論此事、傳言中此龍穴承源於臺灣最高峰。

　　百岳之首玉龍神山，此山冷傲峻峭，四面皆是峭壁危崖或是險坡絕壑、其雄姿氣勢磅礡而傲立群峰，四季景色分明而恍如隔世絕美，尤以冬季大雪紛飛時、雪白如玉龍騰雲駕霧、翩然遨遊，但神龍向來是見首而不見尾、卻有神靈玄事發生於蕃薯寮及瀰濃（美濃）之間、當地平埔族的長老曾於雲霧中、遙見神龍尾鰭停駐於神山尾嶺（旗尾山），遠觀其型如雲端下的神龍鰭尾、遂成了「神龍擺尾」之雄偉氣勢。

　　被感動得眼淚欲奪眶而出的蔣允焄、對著此般玄奇絢麗美景、恭敬地拱手作揖說：「啊……下官蔣允焄幸能於有生之年，親眼目睹此神蹟，原來傳說中的白玉龍神山是眞的，此般臺灣神山龍脈必能造就天子龍穴呀！」、蔣公子激動不已的說。

　　王知縣便信半疑地問道：「大人眞是深諳堪輿風水！下官怎

**楠仔仙蟠龍七星**：歷史典故

看不出箇中之奧妙？」

蔣知府笑回：「王大人剛才所言、自神山穿嶺過峽的兩條水龍，係由白玉龍的千年白鬚幻化而成，水源發自北方坎宮的玄武執明之境，蜿蜒而下成就青龍及白虎之局。」。

王知縣疑惑地問道：「蔣大人說的是太極的四大神獸吧！但為何獨缺了南方的朱雀陵光之火鳳凰呀？」

蔣公子苦笑著回答：「王大人問得好！你與靈山居民的渾然不知，恰如北宋文豪蘇東坡西林寺題字：橫看成嶺側成峰、遠近高低各不同、不識廬山真面目、只緣身在此山中；南方離宮朱雀陵光、恰巧座落於王知縣曾管轄的鳳山縣呀！」

聽完蔣知府的分析、王知縣尷尬的再次問道：「下官資質愚鈍、誠如蔣大人所說的渾然不知，誠聞其詳。」

蔣公子凝視著王知縣：「王大人可知鳳山縣地名的由來？」

王知縣信心滿滿又頗為得意地回答：「喔……下官知曉呀！鳳山縣南方靠近下淡水溪（高屏溪）有一丘陵地，觀其形狀似飛鳳展翅，鳳嘴伸入淡水溪的出海口喝水而得名。」

蔣公子由笑轉為神色憂傷地說著：「王大人說得好呀！南方既有了鳳凰神山，再加上鳳山縣是此地最熱鬧的城市，當夜晚來

臨、各地都黯淡無光而鳳山街道燈火通明，將其照耀成為火鳳凰之朱雀陵光，太極四大神獸的巨大格局就成形了。」

王知縣關心地問道：「蔣大人幾日的奔波、是否太勞累了？」

蔣允焄凝望著遙遠北方群峰峻嶺之玄武幻境，時而嘆息不語、時而喃喃自語地說：「身體的病痛勞累、有湯藥休憩便可復原，但心中的憂患、卻無妙方可解！」。

王知縣擔憂地望著蔣知府：「知府大人身繫奉天皇命、請多加保重呀！」

蔣公子悠悠地回道：「承蒙王大人關照、放心啦！本府安然無恙、只是抒發對此地龍脈難捨之情、故而心中戚戚然也。」。

研究地理勘輿學多年的蔣公子、激動得眼淚欲奪眶而出地說：「真是奇蹟呀！眼前的四大聖獸千年洪荒神力，造就了此般神蹟幻景，怎不令人嘖嘖稱奇呀！北方玄武幻境、將白玉龍千年長鬚幻化成二條蟠水蛟龍，春分時令、寒冰被東風解凍、口銜玉龍褪袍冰水穿嶺過峽而下，自是澎湃洶湧而不在言下，水面上看似盤繞曲折、暗地裡卻迴旋泉湧頂灌著各地各處靈穴：
一、北方坎宮之「**玄武執明龜甲仙**」、
　　以白玉龍長鬚之「**蟠水蛟龍**」為任督龍脈。
二、東方震宮之「**青龍孟章瀰濃水**」、

以青龍肚靈山之「東宮太子」爲文官之首。

三、西方兌宮之「**白虎監兵羅漢山**」、

以虎將馬頭山之「虎嘯風雲」爲武將之首。

四、南方離宮之「**朱雀陵光鳳山縣**」、

以旗尾山鼓山之「旌旗戰鼓」爲征戰先鋒。


「對應成雙的蟠水蛟龍（楠仔仙溪、荖濃溪）、千年來灌頂著各地靈穴、如同龍穴之任督二脈已打通九十九穴位，只差百穴龍母之皇后穴，待其渡得百鳥來朝、羽化成爲鳳凰『母儀天下』，到那時……文武百官來朝、羅漢門、蕃薯寮、瀰濃等地區勢必有『君臨天下』的天子眞主、順應太極四大聖獸之格局磅礴出世。」。


聽完蔣公子說的四大聖獸幻境、所成就的地理大格局、嚇得前鳳山縣令王大人已魂飛魄散，若是蔣知府所言成眞，鳳山縣將有眞龍天子出世、他跪著顫抖地說：

「知府大人呀！下官眞是愚鈍至極，任職鳳山縣令已屆三年有餘，渾然不知下官管轄之地、竟然有此般天子龍穴即將出現，這是會掉腦袋的大事呀！難怪前二任的鳳山縣令上任未足一年便離任，應該是獲悉此事而辭退吧、這……這該如何是好啊、知府大人呀！下官故鄉上有高堂、下有妻小，救救小的一命吧！」。


蔣允焄看著王知縣跪求自己，頗爲不捨其可憐的模樣，隨卽將他拉起安慰說：「王大人呀、快請起來吧！是福不是禍、是禍躲不過，本府身繫皇命、赴任台南府城後每日求神托佛、期盼

天子龍穴只是個謠傳，但今日到此一遊、白雪玉龍神山傳說是眞的、四大聖獸格局亦非謠傳、唉！不幸被京城的天文星象學家言中，南臺灣眞有會出皇帝的龍穴，如此看來呀！本府得銬上此座『敗壞地理』無形的枷鎖啦！而王大人你只要配合踏勘地理，本府會保你周全平安的。」。

「感謝知府大人的大恩大德、您如同下官的再生父母。」、王知縣再次跪拜叩謝。

回到臺灣縣城公署後、蔣、王二人經由幾日的討論、蔣公子依據王知縣的稟報分析，乾隆元年（西元1736年）、阿里港（里港）客籍六堆之右堆統領：林豐山及林桂山兄弟、因帶領右堆義勇軍、協助大淸朝廷平定朱一貴之亂有功、藉此功勳向朝廷申請、開發瀰濃山這片蠻荒之地獲准，遂帶領武洛庄民渡過阿里港溪開墾，至今已歷經了二十多年的經營而趨於安穩，故先往瀰濃山河踏勘靈山寶穴較爲穩當。

臺灣縣令王大人分析完瀰濃，接著分析蕃薯寮的開墾狀況，思索許久才說：「蕃薯寮是個極爲蠻荒之地，乃平埔族大傑巓社部落的社地，乾隆元年間、林豐山兄弟於春分季令，趁著阿里港溪水位尚低而易於渡溪，率領百餘名的武洛庄民爲先鋒部隊，進入瀰濃拓荒開墾，而閩南籍的台南仕紳蔡氏、鄭氏獲悉此事後，從台南府城經羅漢門進入開墾，代大傑巓社向官方繳納墤社餉，招來佃農開墾耕種，雖能讓平埔族人接受，但卻慘遭生番（高山族）、乘隙下山殺漢人，致使開墾佃農因懼怕而逃跑，開墾過的

土地任由荒廢而失敗，直至乾隆十八年（西元1753年），漢人才再由羅漢門、蘭坡嶺（嶺口）、阿里港溪進入開墾。」。

蔣公子笑著問道：「聽完王大人對蕃薯寮當地的分析、此蠻荒之區既已經由漢人開墾至今、長達十年有餘的經營，應該會較為平穩了吧？」。

臺灣縣令王大人回答：「甲仙埔（甲仙）的高山生番、出草殺人割人頭的事件還是頻傳，因此緣故、下官於去年、即乾隆二十七年（西元1762年）、召集平埔族大傑巔社百餘人在六張犁隘口、帶著眷屬種地駐守巡防，漢人才敢尾隨著平埔族人、深入開墾圓潭口隘、中隘及尾隘（尾莊）開墾，故此地尚屬蠻荒之地。」

蔣公子輕撫著長鬚、長嘆一聲說：「相較之下、前些日子本府的羅漢門之行，倒是安穩多了。」。

王大人回道：「朱一貴及吳福生叛亂事件之後、羅漢門就成了官府巡查掃蕩的重點，派遣官差兵偕同漢人及平埔族人，於各地設立隘寮駐守，防止罪犯流民山賊作亂及生番出草殺人，隨著大量的漢人進入開墾居住，此地越趨於穩定。」。

聽完王大人的瀰濃及蕃薯寮之簡報、蔣公子心中盤算著地理踏勘行程：「既然七星覆頂斗杓穴的大桌山、白虎監兵神君的羅漢山、還有附近區域也已踏勘完成，而旌旗擂鼓先鋒的蕃薯寮

區域、尚屬蠻荒未漢化之地、不宜倉促深入其境踏勘，故於鳳山縣的地理龍穴尋覓之旅，下一站就決定先往青龍孟章神君的瀰濃水、勘查探尋東方震宮青龍方位、究竟有那些靈山寶穴？」。

太極四象楠仔仙蟠龍七星圖（見p209附檔圖02）

楠仔仙蟠龍七星：歷史典故

## 第七章
# 青龍孟章瀰濃水

　　聽完蔣知府的一番踏勘行程的分析、王知縣左顧右盼又神秘的問道說：「知府大人！下官來臺灣任職三年多的縣衙知縣、對於瀰濃地區有聽聞許多奇異傳說、因為此傳聞涉及前明朝國姓爺鄭成功，不知當講不當講？」。

　　蔣公子滿臉疑惑地回答說：「本官奉旨來臺灣勘查龍脈靈穴後、分析及繪製龍脈地形圖，而今吾等即將前往瀰濃區域踏勘、王大人若有聽聞知悉任何有關之事蹟、但說無妨呀！」。

　　臺灣知縣王大人辭退左右手下、凝視著蔣公子許久之後、表情神秘地對他說：「順治十八年（西元1661年）三月二十三日、國姓爺鄭成功因荷蘭通事何廷斌暗中配合，遂率領數百艘戰船、二萬五千員將士東征臺灣，卻於澎湖外島柑桔嶼遭遇黑水溝逆風、驚濤駭浪襲擊無功而返回澎湖，因何廷斌稱數日可到臺灣，官兵均不帶行糧，幾日後即感覺缺糧致軍心浮動，各鎮將領勸阻返回廈門，唯獨軍師陳永華觀天象占卜得知、此行有 海神天上聖母默佑無須擔憂，故鄭成功毅然決定於三日後，趁著月底漲潮、大軍冒著風雨由鹿耳門進入赤崁。」。

　　蔣公子打斷了王大人的話題：「奇哉怪哉了！王大人、此事乃眾所皆知之事，為何要說得如此神秘呀？」。

王大人說：「知府大人請稍安勿躁，話說鄭王爺東征臺灣的舊事，是為了與瀰濃尋覓之行有所連貫，鄭軍於月底出發前依照陳永華建言，傳令各鎮部屬設立香案、虔誠向 天上聖母媽祖娘娘祈求顯現神蹟、幫助鄭王爺的軍隊渡過此海上難關，祭祀完畢將飯菜酒肉灑出祭海、此時 媽祖娘娘竟然顯現奇蹟、祭海的飯菜竟引來大量飢餓的魚群搶食，鄭軍各鎮船隊隨伺機捕獲、烹煮燒酒魚可充飢亦能禦寒，部隊將士酒足飯飽後……」。

王知縣吞了口水後繼續說：「爾後 媽祖娘娘再現奇蹟、使得當時的海象已呈風平浪靜，而海上更是起了大濃霧、替鄭軍戰船遮掩了蹤跡直至鹿耳門外海，而台江內海多為淤淺的沙洲水道，經由鄭王爺再設香案、冠帶叩拜祈求上天後竟又再現神蹟！水道漲潮十多尺高，方便鄭軍戰艦進入赤崁。」。

蔣公子與王知縣趁著手下部屬都已退去、遂肆無忌憚地談論前明朝的鄭王爺；二人說起……曾有人請教黃檗寺的隱元禪師問道：「請教大師！您可知鄭成功王爺是何星宿投胎呀？」。

黃檗寺隱元禪師笑著回道說：「鄭王爺乃東海之千年長鯨也。」。

上山請教禪師的人再次問曰：「鄭成功為了反清復明在沿海掀起大小戰役、何時會被清朝各地集結的軍隊殲滅？」。
黃檗寺隱元禪師皺著眉思慮了許久後回答：「鄭王爺於中原戰敗後將退回東海、終究難逃歸東即逝之宿命呀！」。

鄭成功在中原出征南京及溫州等地、直至臺灣的鹿耳門、鄭軍所到之處、海水果真皆為之暴漲，鄭成功進攻臺灣前幾日，荷蘭人遠遠眺望看見、有人頭冠紅帶騎著鯨魚從鹿耳門逐波而入，但此淤淺的水道連小船都難以進出，故而荷蘭軍未派軍隊防範，料想不到的是、鄭軍戰艦趁著漲潮從此水道進入赤崁，爾後方能攻下臺灣。

康熙元年（西元1662年）二月九日、占據臺灣三十八年的荷蘭東印度公司終於投降，而臺灣改朝換代為鄭氏王朝，更為奇異的是同年間的六月，副將楊明夢見了鄭王爺騎鯨魚由鯤鯓（安平）出海，幾日後鄭成功於六月二十三日病逝，竟被禪師的「歸東卽逝」不幸言中，二人感嘆於各為其主，卻對這位明朝大英雄惋惜不已。

蔣公子提出疑問地說道：「吾等……偏離瀰濃踏勘之行的主題太遠了吧！」。

王大人回：「非也！知府大人、下官正要切入瀰濃踏勘主題喔！鄭軍進入台江內海於禾寮港（開元）登陸，幾日後就攻下普羅民遮城（赤崁樓），以此為據點分海、陸二路包圍急攻熱蘭遮城（安平古堡），卻慘遭荷軍頑強抵抗，致使鄭軍損失慘重，後因久攻不下、而二萬大軍的糧食調度不易，遂改變戰術為長期圍困方略，派遣各鎮部隊至各地屯田開墾及徵收錢糧，解決鄭軍糧餉匱乏之急。」。

二人談論至此、蔣公子回憶起當時的鄭軍驅逐荷蘭人據臺狀況說：「對啊！此臺灣戰役長達九個多月，荷蘭政府獲悉鄭成功攻占普羅民遮城後，派遣多艘水軍戰艦前來助陣，二軍海上砲火交織戰況激烈，而留守廈門的鄭王爺長子鄭經，亦從中原內地引渡大量漢人來臺、補充部隊兵員及屯田開墾。」。

　　王知縣說：「是啊！那個年代是漢人來臺的巔峰時期，鄭王爺為了對付荷蘭的戰艦援軍，調回部分軍鎮部隊，也留下一部分部隊繼續屯田徵收糧餉，另一方面、為了反清復明採取陳永華軍師之謀，在臺灣島內徵募平埔族人、唐山渡海來的漢人，將這批人訓練成為鄭軍新血，再從中挑選菁英送往祕密基地訓練成精銳部隊，此計畫由陳永華全權處理，而瀰濃的靈山寶地可能是訓練基地。」。

　　蔣允焄輕撫髯鬚說：「此事充溢神秘色彩，鄭王爺極為看重參謀軍師陳永華、讚譽其乃是現世之臥龍也，因而陳永華有著『鄭氏諸葛』之美稱，其通曉天文地理亦學富五車，中原各地多方猜測他就是天地會的總舵主陳近南，若是由此位鄭氏諸葛所祕密設置的菁英基地，由此可得知瀰濃山水必是個靈山寶穴之處。」。

　　王知縣說：「下官任職鳳山縣令遣人探查得知，陳永華在瀰濃山林水澗、設計興建二座木造之樓宇宅院，其一為『明月樓』、儲存庫藏金銀珍寶及糧食，及培訓賢能文才。其二為『清風院』、儲存庫藏槍械武器及砲彈，訓練猛士悍將。」。

蔣公子噘嘴點頭地笑說：「陳永華不愧是鄭氏諸葛呀、哈哈！好一個清風明月為伴、讓人彷彿身處清幽寧靜的山水林澗、拋開煩憂而清雅閒淡，殊不知暗地裡藏著反清復明之殺氣啊！難怪瀰濃地區多年來、長期被朝廷規範為禁地。」。

看著知府大人蔣允焄若有所思之狀、臺灣縣令王大人就繼續往下說道：「對呀！就因為是禁地、所以阿里港六堆統領林豐山兄弟、向鳳山縣令申請：許可右堆義勇軍前往瀰濃開墾，歷經二年才獲准，更令人驚訝是開墾的先鋒部隊方百餘人，幾個月後便匯集萬餘人，待其開墾局勢穩定後、興建土地公壇位設為開基伯公，祭祀天地叩謝神恩及紀念碑石文如下：『溯我前朝賜國姓，延平郡王 鄭，手闢乾坤、大猷聿昭於百世，忠扶日月。…………就殘山剩水為宗社，願山川幽魂勿作荒郊之鬼，生時各為其主、死當配祀社稷、同享春秋。…………將奕世於瀰濃。』。此碑文中更能証實清風院、明月樓的存在可能性。」。

幾日後臺灣知府蔣允焄在王知縣的導引下、來到了山明水秀的瀰濃地區，隨著縣衙官差渡船過阿里港溪後、蔣公子再次驚嘆於天地玄黃、宇宙洪荒的鬼斧神工，鰭尾山及龍肚山系乃白玉神龍擺尾亦是收尾、從天山蜿蜒而來二條蟠水蛟龍盤繞迴旋、後於阿里港溪交匯而成為淡水溪，千萬年來的沖刷淤積成就了瀰濃的大平原，此乃地靈人傑之靈山福地是也，難怪鄭氏諸葛陳永華會在此設立祕密訓練基地。

粵籍六堆中的右堆統領林氏兄弟亦是獨具慧眼、率領著粵

籍漢人開闢墾荒此塊肥沃的溪畔谷地，經由了二十多年的辛勤開墾荒野、放眼看去耕田已是連阡累陌，為了不引起瀰濃地區的騷動，鳳山知縣王大人亦微服出巡，在幾位侍衛保護周全下，帶領知府大人踏勘於山光水色之間。

蔣公子雖肩負著乾隆帝諭令，但仍不改其風流才子個性，從侍衛行囊中取來筆墨紙張、除了描繪靈山寶穴的地理形態，竟也吟詩賦詞於其中，王知縣笑著說：「知府大人真是好興致呀！辛勤勘查地理時不忘吟詩詞賦之雅好。」。

蔣公子苦笑著回答：「是啊！面臨如此山水美景豈可入寶山空手而回乎？可惜的是；如此靈山妙境卻須將其龍脈破敗，令人不甚婉惜悲嘆呀！」。

幾日的瀰濃山水地理尋覓之行，讓蔣公子漸漸了然于心，對著王縣令說：「延平郡王鄭成功的航船技術、及強大的海上基業、係由鄭王爺的父親、洋人口中的『尼古拉斯‧加斯巴德』鄭芝龍所傳承，而其因明朝禁海運的時代背景下，幸運繼承了海上霸王李旦及顏思齊的霸業，方能讓鄭軍水師航行於海上、長江及黃河、無人能與之匹敵，故若以鄭軍船艦航行至阿里港溪，再以小船沿著瀰濃內的小溪流、護送大軍師陳永華至清風明月樓院、此乃駕輕就熟之事。」。

王縣令回答說：「知府大人、雍正十三年（西元1735年）夏至時令，瀰濃蛇山崩潰致山石殞落，巨大聲響傳至數里皆有所

聞，據當時阿里港的居民描述，蛇山峰頂有黑氣盤旋籠罩、亦有鬼哭神號之淒厲怪聲，多日後方漸漸散去。」。

蔣公子扶著長鬚悠悠地述說：「此事本府亦有聽聞、曾有傳說龍肚旁丘陵及長條形龍山、從高遠處觀其形、如同神龍的子孫袋及龍鞭，故而雍正帝朝廷批准開墾瀰濃地區前、先行派人來此破敗龍脈地理、但本地龍穴未因此而衰敗，而陳永華設立的清風明月樓、及林氏兄弟開墾瀰濃的基地，均暗藏著天造地設的龍脈寶地，以北方的白玉龍山、往南延綿至瀰濃山爲後座靠山、左青龍的護陵爲龍肚龜山、右白虎的護陵爲旗尾山，形同天子龍椅君臨天下，前方是蟬水蛟龍部分交匯成一腰環玉帶，而前明堂爲阿里港等地遼闊平原、一望無際直至汪洋大海，此等宏觀之靈山福地龍穴、假以時日必出眞龍天子。」。

臺灣知府蔣允焄及臺灣縣令王瑛曾、二位微服出巡的瀰濃龍脈地理勘查、繪製地形概略圖完成後，遂在眾多官兵侍衛的謹愼保護下，回到了臺灣縣府公署暫作休整，爾後王縣令命手下搬出蕃薯寮區域的山水地圖、及當地之相關紀載資料、二人仔細研究往後行程的規劃，準備往下一站蠻荒又危險的蕃薯寮踏勘龍脈。

# 第八章
# 旌旗戰鼓蕃薯寮

康熙十二年（西元1673年）、清朝的三藩王裂土分疆二十多年來，擁兵自重而權勢日張、逐漸形成尾大不掉之趨勢，三藩巨額軍餉及官員俸餉、就如同「聖武記」所記載：「天下財賦、半耗於三藩」，已逐漸成為清廷最大之隱患，爾後經由朝廷的尚書米思翰、莫洛及明珠等大臣進言：「撤藩亦反、不撤藩亦反」，撤藩行動已經迫在眉梢，因而康熙皇帝不顧朝廷眾多大臣的反對，毅然決然詔令撤除三藩，導致平西王吳三桂帶頭反清叛亂。

臺灣東寧王鄭經受廣東靖南王耿精忠邀約，前往參加平西王吳三桂策動的「三藩之亂」，五軍聯盟共同反抗清朝，歷經長達七年的奮戰，於康熙十九年（西元1680年）、敗戰後率師返回臺灣，隔年便鬱鬱寡歡而病逝，康熙二十二年、康熙皇帝派遣靖海侯施琅、率領水師大軍攻占澎湖群島，鄭軍戰敗逃回臺灣致軍心動搖，迫使鄭成功之孫東寧王鄭克塽、舉臺灣全島軍民投降。

根據《鳳山縣誌》的記載，清朝三百多年前統治臺灣時，蕃薯寮及瀰濃地區、均是未經過開墾的蠻荒之地，以漢族民俗而言，尚未漢化之地區仍屬於番界，楠梓仙溪、荖濃溪兩側沿岸溪畔、是大傑巔社（平埔族）、鄒族、布農族、排灣族的原野狩獵牧場，山野林木草原的各種山禽及野獸、有水鹿、山羊、山羌、山豬，野兔等。

此二條山溪清澈湛藍而富含礦質之溪水，盛產著有鏟頜魚、石賓魚、還有馬口魚、小鰾鮐、吻鰕虎、爬岩鰍等，孕育了許多種類的大小魚蝦，每當朝陽初現或夕陽餘暉照耀在溪面時，溪水中的鏟頜魚、當地居民俗稱「苦花或赦免」，魚身在陽光照耀時會反射銀光、素來有著「白晝星光」之美名、在溪面水霧瀰漫中，飛躍上水面爭相搶食飛蛾蚊蟲，整條溪面被照耀得是閃閃發亮，與溪畔時而覓食飲水、時而跳躍玩耍的鹿羊獸群，構成了一幅曼妙絢麗、世外桃源的荖濃溪、楠仔仙溪仙境。

蕃薯寮旗山最早期的原住民大傑巔社、係屬於南島民族之西拉雅馬卡道族、通稱爲平埔族，族群發展史可追溯至荷蘭占據臺灣的年代之前、海盜集團之霸主顏思齊、因得罪了日本幕府而被逐出日本島嶼，顏思齊遂將該地貿易據點的產業及部屬遷出，聯合鄭芝龍的海上船艦、轉而占據於離台南大員不遠的笨港（北港）（註三），荷蘭人稱呼此北港溪口的海灣爲「Ponkan」，成了唐山漢人最早移民臺灣的先祖。

早期的打狗（高雄）沿海港灣地帶、是烏魚最愛聚集之處，其中以平埔族口中稱呼的「Cattia」（茄萣）沿海最多烏魚匯集，成爲笨港漢人漁船兵家必爭之地，爾後漁夫搭寮長期居住於此捕魚，荷蘭人繪製地圖中稱「漁夫角」或「漁夫灣」，荷蘭東印度公司派遣戰艦巡邏、讓官兵在此徵收捕魚稅，因而壓迫到居住於此多年的西拉雅馬卡道族人，沿著鳳山縣與臺灣縣的交界二仁溪，開啟了平埔族人的遷徙史。

明朝崇禎九年（西元1636年）、荷蘭軍隊戰勝了高雄區域的塔加拉揚社、蕭壠社、小琉球社等較大的平埔族群，其他部落也隨著陸續臣服，而不願臣服的大部分茄萣平埔族人、遂遷徙至大湖庄（湖內）及半路竹（路竹）的大平原，有的更深入至阿嗹大小桌山西麓平原，但荷蘭人的勢力擴張並沒有停歇，隨著台南赤崁區域附近的鹿群、因大量捕捉剝取鹿皮而消失，荷蘭大員當局爲了梅花鹿高經濟價值，遂雇請漢人獵戶前往桌山、羅漢門等地山林捕捉鹿群，因而造成漢人與平埔族人的衝突，又爲了農地的稅收利益而擴大開墾，迫使平埔族群陸續往桌山西麓平原匯聚。

　　康熙元年臺灣改朝換代爲鄭氏王朝後，國姓爺鄭成功爲了反清復明大業，採取軍師陳永華的屯兵墾荒策略，除了二萬多的鄭軍將士屯田，又從中國沿海大量載運漢人來臺灣開墾農地，作爲鄭軍征戰糧餉的後盾基地，而鄭軍擴大範圍屯田、首當其衝的就是毗鄰台南府城；南方的大湖庄、絆路竹、阿嗹等水源豐沛之空曠草原。

　　鄭氏王朝的屯田墾荒政策、造成馬卡道平埔族人的遊耕、狩獵的空間受到擠壓，願意順服的族人留下來接受漢化，不願意服從接收漢化的族人再次遷徙，穿越過大小桌山西麓之間山隙路，一部分的族人沿著阿公店湖畔進入燕巢、在尖山地區依山傍湖處落腳居住而成立了「尖山社」，大部分的族人穿越中、下鹿埔、沿著二仁溪從馬頭山進入羅漢門而消失。

　　臺灣縣令王大人、對著台灣知府蔣允焄描述蕃薯寮的人文地

理說：「幾經長途跋涉、翻山越嶺，此群平埔族落腳於羅漢門內的山區，康熙末年間根據《諸羅縣誌》紀載：『羅漢門山內有大傑巔社。』，爾後經歷了朱一貴之亂、及台南『新港社』族群因受到漢人移民的開墾壓迫，遷徙至羅漢門及田寮爭搶遊耕及狩獵地盤，迫使這個溫和但不願漢化的平埔族群再次遷徙，從馬頭山遷出而穿越打鹿埔、沿著二仁溪東邊支流來到依山傍水的武鹿坑（旗山溪州）落腳，雍正年間《台海使槎錄》紀載：『羅漢門、外門田（註四），皆大傑巔社社地也。』，此群平埔族人在此建置『大傑巔社』、作爲大傑巔社舉辦慶典的祭祀中心。」。

蔣知府問：「台南蔡氏、鄭氏經羅漢門進入開墾蕃薯寮，向官方繳納暵社餉稅，招來佃農開墾耕種，他們所購買的就是大傑巔社地吧？」。

王大人回：「是呀！知府大人、早期未經開發的蕃薯寮，可以說是山嶺及溪河封鎖之境，加上熱帶植物雨林生長茂盛，是外人不易進入之原住民的快樂天堂，幾日前由旗尾山上鳥瞰得知、三面群峰山嶺環抱的南臺灣母河（楠梓仙溪）、有如倒掛在大地上的白玉緞帶，由玉山婉延盤旋下來，至甲仙埔方趨近平順、緩慢流過山下丘陵谷地，其地質屬黏土帶著砂質土壤，極爲適合耕作各種農作物，而平埔族如同農田開發的先鋒部隊，漢人總是尾隨其後進入開墾。」。

聽完台灣縣令王大人的分析，蔣知府思索事情似乎出了神而發怔許久方出聲：「羅漢門、桌山、瀰濃經由多日來的踏勘，最

令人難以忘懷的……莫過於蘭坡嶺的登高往北眺望，那時的思緒如同翱翔於玉帶母河上的飛鷹、遨遊於二條蟠水蛟龍的上空，觀賞那九彎十八拐匯流而成的九十九龍脈穴位，可惜吾非真實之飛鷹，雲霧中無法辨識出百穴龍母之皇后穴位置，而本府研究易經堪輿多年，卻又身負皇命敗壞地理，站在蘭坡嶺高處俯瞰時百感交加、似乎有龐大無形的力量阻礙吾窺視、讓人不知所措、該如何去面對如此壯觀的龍脈穴位呀！」。

王大人紅著眼眶悲戚地說：「大人乃易經勘輿學翹楚者、唉！卻揹負皇命敗壞地理。」。

蔣知府說：「是呀、命運真是會捉弄人，此乃無可奈何也！羅漢門幸有紫竹寺　觀音佛祖坐鎮，只需破敗馬頭山穴位即可，而桌山龍脈諭令為寺廟用地也無需再擔憂，至於瀰濃區域只須破敗龍肚山的太子龍穴即可，還有蕃薯寮的『旌旗戰鼓』、只須破敗旗尾山龍脈便可完事，但若是找不到百穴龍母皇后穴、假以時日、帝穴龍脈又將是如何演化呀？」。

王大人滿臉疑惑的望著蔣知府問道：「百穴龍母之皇后穴？那會是個怎樣的龍脈穴位呀！」。

蔣知府回想著登上瀰濃山時、眺望著玉帶母河壯觀的景象說：「若依本府多處勘查後的判斷、既然羅漢門、桌山、瀰濃等山林水澗處，未發現出世皇后娘娘的鳳凰皇后穴，那就應該位於蠻荒的蕃薯寮、或是玉帶母河之溪畔不遠處，被茂盛的高大樹林

所掩蓋住吧！」。

王大人試著回憶說道：「據下官任職鳳山縣令時調查得知、蕃薯寮是個地形狹長、依山傍水的山城，依照大傑巔社民的步行測量、若從蘭坡嶺（嶺口）開始起算，穿越派兵駐守的六張犁之口隘、中隘、直至尾隘（尾庄），南北長度應有五十里（30公里）長吧！而蕃薯寮的拓荒開墾農田、遠不如鄰近的羅漢門及瀰濃地區，除了武鹿坑山下聚落至北勢庄（北勢、頭林）、及施里庄（媽祖廟老街）屬大傑巔社地盤，漢人在此開墾可受到保護，其他區域仍有生番出沒而大多屬於禁地，若再深入六張犁口隘之處，更是山嶺及溪河封鎖之境域，只有平埔族人敢穿梭進出，是一處非常神秘奇特之秘境呀！知府大人所說的鳳凰皇后穴，有可能就在此處喔！」。

蔣允焄滿臉狐疑地望著王知縣問道：「王大人……為何有此一說法呢？」。

臺灣知縣王大人忽而帶笑容、忽而晃頭皺眉思索著此事出神許久……。

蔣知府催促王知縣說：「王大人呀、你就別賣口隘秘境的關子啦！快說給本府知曉吧。」。

# 第九章
# 平埔混血灸狼族

　　王大人噘著嘴回答：「知府大人！並非是下官賣關子、此事乃六張犁駐防的平埔族耆老所描述，再經由本縣衙官差轉述而得知、須將思緒稍作整理方能向大人稟報。

　　話說明鄭年代被東寧王鄭經追殺的沈光文，同時期來臺的明朝遺臣、大多看不慣鄭經的行徑而尾隨其進入羅漢門，亦有傳言明朝遺將率領部隊渡海來臺，亦聽聞鄭經喜聽佞臣馮錫範讒言非為明主，打探得知沈光文逃禪遁入羅漢門，幾經周折後也進入羅漢門，如同知府大人經由幾日的踏勘悟得：羅漢門果真是『臥虎藏龍』呀！此地平埔族因緣際會遇上明朝文武菁英，在漢人文治武功及聯姻的薰陶下，培養出一支知書達禮又驍勇善戰的漢人混血平埔族。」。

　　蔣知府問：「逢此因緣際會的羅漢門混血平埔族、必與秘境有所關聯吧！」。

　　王大人頗為神秘地述說著：「知府大人、您言之有理呀！此事關聯著百年前的明鄭年代傳說、而無獨有偶的是滿六十甲子年後……朱一貴的叛亂事件竟發生於羅漢門，怎不令人懷疑……其背後有此漢人混血平埔族群的參戰痕跡呀？據耆老們所說的此支部落群族極為神秘，能夠驍勇善戰、乃因武器精良及刀劍弓弩戰

技熟練，出征或狩獵時總以戰馬代步、窮兇極惡的土狗獵犬群為其先鋒。」。

臺灣知縣王大人思索了許久，再緩緩的對蔣知府描述說：「這群漢人混血的部落、鄭王爺在臺時不願順服鄭氏王朝、改鄭換清也不願臣服於大清皇朝，幸好他們從不與官兵為敵，卻是高山族生番聞之喪膽的死敵，故而漸漸成了漢人及平埔族的守護神，他們若遇生番侵擾而抵抗不住時，總是搖著手上的銅鈴及大聲呼喊求救，只要遠方傳來土狗群吠叫聲、戰馬及獵犬身上銅鈴嗡嗡作響，如同天兵神將從天而降，生番便會隨即銷聲匿跡，平埔族耆老們笑著述說著、部落土狗都繫上了銅鈴，爾後逐成了夜晚入夢的催眠曲。」。

蔣知府對於臺灣知縣王大人的敘述感到懷疑地說：「王大人所說的這支漢人混血神秘族群、若是已遷徙進入六張犁口隘的秘境居住，如何能判斷他們聚集之處，即是鳳凰皇后穴所在地呢？」。

王大人回：「知府大人、此乃下官所猜測，據說此神秘族群的頭目達卡羅外號灰狼、騎著一匹烏黑的烏雛馬、灰白長髮及臉上歲月刻痕、掩不住其俊俏的濃眉大眼，他年輕時即帶領族群耕作及狩獵、進入六張犁口隘的秘境已幾十年了，因此下官從六張犁的駐防處、聽到許多有關於此神秘部落的傳說。」。

臺灣縣令王大人命左右取來筆墨，依照蕃薯寮的地圖、臨摹

出口隘秘境的位置圖，作為前往踏勘時的臨時地形圖，描繪完成遞給蔣知府才接著回答說：「灰狼頭目夫人在部落中是個混血美人，與灰狼頭目在口隘秘境產下一對兒女、小男孩的叫達里關、小女孩的叫達莉敏，此對兒女的取名、乃是紀念百年前的羅漢門、開山闢荒的大頭目達里關兄妹，故而既然父母是郎才女貌，產下的兒女自是男的英俊、女的俏麗，較令人感到驚訝的是這位神祕部落的公主，長大成人後竟出落得雍容華貴、氣質脫俗如同仙女下凡般出色、多位部落女孩自願當她的侍衛隨從，達莉敏的坐騎是一匹亮白如雪的白駒，每次出門都有數位女侍衛騎馬陪同，知府大人您猜看看怎麼著⋯⋯。」。

蔣知府凝望著想著出神的王大人許久、王大人回神後才說：「縣衙官差所形容的是：不只是達莉敏公主雍容華貴、連她的隨從護衛、每位女孩都像沉魚落雁般美麗，讓這群官兵男人的眼神⋯⋯根本無法從這群女孩離開稍稍一片刻，因此下官大膽假設、可能是受鳳凰皇后穴滋潤的緣故吧！」。

蔣知府看完王縣令描繪的口隘秘境位置圖、心中禁不住起了疑惑的問道：「康熙六十年間羅漢門朱一貴起兵叛亂，故於朱吳之亂後清廷便派兵偕同漢人、平埔族人於多處設隘寮駐守，防止流民山賊作亂及生番出草殺人，因此漢人才敢陸續進入羅漢門、蕃薯寮、瀰濃地區開墾，本府感到疑惑的是⋯⋯王大人所說的這支神秘的平埔混血族群，若是有參與朱一貴起兵叛亂，兵敗後應該會死傷慘重，怎麼還會有如今的戰力，爾後又是如何逃過朝廷軍隊的掃蕩？」。

王縣令與蔣知府閒聊起鴨母王朱一貴起義的事蹟、他回想這些往事說：「羅漢門閩籍朱一貴起義失敗的原因、來自於內埔粵籍的杜君英、起義之初二人乃合作之盟友，且杜君英的實力及聲勢比較大，杜軍的赤山、鳳山縣城、臺灣府城的戰役皆勝，而朱一貴出師不利於岡山麓，爾後的赤山及府城皆與杜軍合師後方敢出戰，故杜君英認為自己功勞最大，欲立其子杜會三為王，但其他將領認為朱一貴姓朱，舉大明義旗較好號召民眾，遂立朱一貴為王，後又因朱一貴只封了杜君英為二十七名國公之一，而杜君英自恃戰功顯赫，入府城後擄掠民女胡作非為，及杜軍鎮將領與朱軍鎮將領，因權力分配不公起爭執而內鬥，雙方激鬥演變成了嚴重對戰，後來漸漸造成了閩南籍與粵客籍族群對立。」。

王大人接著回話道：「杜君英率領的部隊敗戰後、遂遁逃於貓兒干（雲林崙背），致使朱一貴失去了大半的兵力而心懷怨恨、遂派兵清剿阿猴（屏東）平原的粵人，造成了在阿猴開墾的粵人死傷慘重，粵人為了抵抗朱軍的追殺而組成了『六堆』義勇軍隊，多年來雙方互相械鬥而成了世仇，所以墾荒的閩粵漢人遂以玉帶母河為界線，玉帶母河西邊蕃薯寮、羅漢門大多是閩南人；玉帶母河東邊瀰濃則以粵客人為主，據傳灰狼頭目不願陷入閩粵衝突，故早已遁入了口隘的秘境而逃過官兵掃蕩。」。

聽完王大人的敘述、蔣知府雀躍不已地問說：「若依王大人所言、灰狼頭目的部落裡的耆老，曾受過百年前羅漢門明朝博學鴻儒之薰陶，應該對風水地理也有所研究，故必能擇風水吉地而居住，再加上鳳凰皇后穴是傳說中的美人窩，對上達莉敏公主及

侍衛女孩皆是出色美女，此部落所居住之處、就八九不離十乃百穴龍母皇后穴也！王大人請盡速派遣官兵護衛，隨本府前往踏勘及繪製現況地形圖。」。

## 第十章
# 百穴龍母蓮花后

　　王大人緊張地說：「知府大人、依下官愚見、此事須得從長計議啊！」。

　　蔣知府驚訝地問：「是喔！從長計議？本府願洗耳恭聽王大人的高見。」。

　　王大人回：「知府大人您言重了！高見倒是不敢、只是灰狼頭目的部落群的戰鬥能力不可小覷、灰狼部落雖不曾與官兵正面衝突，但長久以來、雙方都保持著河水不犯井水之原則而互不侵犯，口隘秘境尚屬清朝廷列管之禁地，若是率領官兵匆促前往踏勘，必會引起緊張及不必要的衝突，故須研議良好策略。」。

　　蔣知府問道：「王大人言之雖有理！但奉旨勘查期限將至、該如何是好啊？」。

　　王大人回：「下官倒是有個辦法、可概略窺見口隘秘境之景象、官府於六張犁隘口的駐防處，西側的高山處雖仍屬於禁地，但可帶領著官兵護衛戒備至此山高處、鳥瞰鄰近的口隘秘境，應可窺探出其龍脈地理型態。」。

　　蔣知府說：「哈哈！這倒是個好辦法、回想幾日前於灞濃的

踏勘之行，登高至瀰濃山頂往玉帶母河鳥瞰，蟠水蛟龍所衝擊的西大河灣處，隱約可看到茂盛密林中、有個大圓潭開滿蓮花，應該就是王大人說的口隘秘境吧！」。

臺灣縣令王大人調度官兵完備，便以巡查蕃薯寮隘口駐防狀況為由，在蕃薯寮沿路貼出縣衙告示，蔣知府在眾多官兵護衛之下，快馬來到了六張犁隘口駐防處，王大人派遣衙役在駐防處旁丘陵（旗山第一公墓），劈荊斬棘開出一條山路、方便蔣知府登高瞭望口隘秘境，因此山尚屬小山故而不高，蔣知府很快就到達山頂、此時已近午時能見度最好，卻因丘陵高度不夠被口隘的茂密樹林遮蔽，故而無法看出秘境的百穴龍母地理型態，卻意外地發現了另一個靈山地穴，蔣知府笑著說道：「如同東坡居士說的：不識廬山真面目、只緣身在此山中呀，哈哈！」。

王大人笑說：「知府大人再次引用蘇東坡的詞句、似乎又有新發現了。」。

眾人緩緩步下丘陵，蔣知府驚嘆於天地造物之神奇，蕃薯寮的旗尾山、鼓山並聯成為「旌旗擂鼓」之先鋒軍，後宮之主的鳳凰皇后穴、率領文武百穴為後援軍，蔣知府噘著嘴分析地說：「登上丘陵高遠處方知、鳳凰皇后穴的袖裡乾坤竟是、在袖口擺了一座不動如山的『大槍山』，真是令人嘆為觀止呀！此大槍山座北朝南、槍口對準了西南方來犯的敵軍，乃百穴龍母皇后穴的守護山喔。」。

王大人滿臉狐疑地問道：「不動如山的大槍山？知府大人說的是那座山呀！」。

蔣知府笑回：「說你不識廬山真面目、還不信呢！六張犁隘口駐防處旁邊的小山卽是。」。

王大人頻頻點頭地說：「下官這雙拙眼還真是不識廬山真面目、一經知府大人您的開悟、真可說是豁然開朗，遠看此座小山的型態、還真與火槍極為相似喔！」。

王知縣護著蔣知府下山，到了隘口駐防處營舍稍作休整後、王知縣興奮地問道：「知府大人、今日旣然已發現大槍山是皇后穴的守護山，爾等雖尚未進入蠻荒的口隘秘境實際勘查，但若以大槍山的地理位置來判斷，應該對鳳凰皇后穴已能有所確定，是否繪製大槍山地理位置圖就可回覆給朝廷了。」。

蔣知府苦笑不語，思慮了許久方回答無知的王大人說：「王大人、非也！別把破敗龍脈當作兒戲，本府身揹皇命、勘查有關南臺灣出真龍天子的龍脈，收集相關資料及繪製靈山寶穴地形，這些工作只是完成初步的鑑定，待這些資料呈報給京師朝廷，經由國師及天文星象、地理勘與學者專家研議後，再呈報給皇上乾綱獨斷後，便會降旨諭令大法師率衆渡海來臺，由吾等調遣軍隊護衛、防止因敗壞地理而激起民變，若是未至現場勘查及繪製龍脈地形，而是旁敲側擊胡亂交差了事，被國師查獲而回報朝廷，輕者以怠忽職守論處致官位不保、重者欺君罔上遭滿門抄斬呀！

百穴龍母蓮花后　**第十章**

可不是鬧著玩的。」、蔣知府說。

王縣令緊張回話：「是、是……！下官知錯了，全聽知府大人的差遣。」。

此時已近午間時刻、王知縣令手下準備午餐後，與蔣知府研討既然無法窺探口隘秘境情況，遂打開地形圖研究，下午穿越口隘而進入中隘，藉由巡視隘口駐防官兵情況，順道尋覓鳳凰蓮花皇后穴的確定位置。

而日正當中的蕃薯寮、雖已過了立秋季令，仍然令人覺得燠熱難當、席地而坐準備用餐的縣衙官兵，在體恤部屬的蔣知府示意下、於樹蔭下褪去府衙衣冠消解炎熱用餐、眾人飽餐後、樹下捎來清風使人昏昏欲睡、突然間……

隨著一陣南風吹來輕拂臉頰、空氣中夾帶著一股茉莉花香、陣陣清香撲鼻……寤寐中彷彿聽到能震攝魂魄、嗡嗡作響的銅鈴聲、忽遠忽近直襲蔣知府等人而來，待眾人緩緩打開了雙眼、映入眼簾的美景讓人彷彿身處仙境，朦朧中竟出現了騎著駿馬的七位仙女，讓府台及縣令官差們不自覺地起立致意。

雪白閃亮昂首白龍駒上的達莉敏及女孩們，傲視著這群衣冠不整又目瞪口呆的官人，雖經旁邊平埔族人以平埔語示意說：「達莉敏公主、這二位大人乃是新任臺灣知府的蔣大人、臺灣知縣王大人。」，但她們還是沒有特別在意這些官老爺。

後經平埔族人官差多次的表明蔣知府之身份、但達莉敏仍然不肯率眾下馬對蔣知府行禮，而是與隨從美女竊竊私語笑著離去，直至消失於口隘茂盛密林中，眾人這才從仙境中跌落回凡間而清醒，官差們癡笑著稱讚她們美如天仙。眾人目送著騎著駿馬的七仙女、飄逸進入口隘秘境的密林時、王縣令也是跟著眾人看得是如癡如醉、久久未能清醒…突然間、他大叫了一聲、興奮笑著說道：「哈哈！真是太好了呀！此乃踏破鐵鞋無覓處、得來全不費工夫呀。」。

蔣知府笑著問：「王大人呀！是否與本府心有靈犀乎！已想到踏勘口隘秘境之法了。」。

蔣知府與王知縣憑藉達莉敏違反禮數，藉此理由前往灰狼部落裡巡視踏勘，遂派遣六張犁平埔族人前往口隘秘境宣達諭令，告知達卡羅頭目、因其女兒達莉敏撞見蔣知府及王知縣時、竟然未下馬叩禮亦未退避，因而觸怒新任的知府蔣大人，責令臺灣知縣王大人率領官兵前往巡視灰狼部落，所有人等須叩禮或迴避、違者依法論罪。

奉令宣達知府諭令的平埔族人，來到口隘便隨著灰狼部落哨兵進入秘境說：「頭目夫人、達莉敏公主撞見知府及知縣、未下馬叩禮及退避、闖大禍了！」。

頭目夫人阿蓮伊著急地說：「唉！這小孩被頭目寵壞了、總是沒大沒小，如今惹出禍端了，而達卡羅帶領族人前去狩獵梅花

鹿群，我也不知該如何是好呀？」。

達莉敏生氣地說：「他們這群官兵正在用膳且衣冠不整、又以好色的眼神一直窺視著我們幾個女孩、那看得出那位是府台大人呀？這些臭男人真愛耍官威。」。

平埔族官差緊張地說：「夫人莫急！如同達莉敏公主說的，大人來此巡查只是要耍官威，頂多再畫個地形圖回去交差，只要交代部落族人退避、莫妨礙官府巡視即可。」。

阿蓮伊落寞地回：「無可奈何下只能如此了，你回去交差說：部落恭迎府台大人。」。

平埔族人官差回到六張犁，向二位府台大人回報灰狼部落狀況，王知縣大笑說：「哈哈！太好了、天助吾等也，幸好灰狼及大部分的男族人出外狩獵了。」。

蔣知府也是笑著說：「是啊、真是謝天謝地，如此一來可避免不必要的衝突及傷亡，也可讓吾等順利完成踏勘皇后穴的任務，王大人盡速領本府前往口隘秘境吧。」、。

臺灣縣令王大人速令縣衙官兵、護衛著蔣知府謹慎戒備地進入口隘秘境，來到灰狼部落營寨門口時，頭目夫人令人在地上舖上紅麻布毯、派遣數位長老迎接：「恭迎蔣知府大人、王知縣大人大駕光臨敝部落巡視、請至陋舍內奉茶。」。

王縣令擺起了官腔並板著臉說：「本縣令陪同臺灣府台蔣大人來此巡視、爾等只要陪同作爲響導，及督促部落閒雜人等及狩獵犬退避，吾等巡查及繪製地形圖後便會離去。」。

在部落長老的帶領下、一行人等穿越茂盛雨林，來到一處大圓潭池水前，蔣知府瞠目結舌於眼前的地理奇景，發現了一個極爲珍貴的「百穴龍母蓮花座」寶穴，此寶穴位於翠綠色的大圓潭畔，是由北山峰之蟠水蛟龍所匯集而成，經由千萬年來的培養滋潤……啜飲著玉帶母親河仙水（楠梓仙溪）、乃源於玉龍山脈之北玄武精華。

水面上盛開著許多璀璨絢麗的蓮花，蓮花座寶穴於傳說中能孕育出鳳凰蓮花，玄奇奧妙的是在大圓潭水流隘口（口隘埤仔底）處，盛開著花香撲鼻、七彩顏色的蓮花，午陽光輝灑落在潭面上、映照出色彩繽紛、金碧輝煌的景象，引來各式各樣色彩艷麗的禽鳥，池畔林間競相啼唱，觀此蓮花座寶穴所孕育之鳳凰蓮花玄奇異象，他日待得百鳥朝鳳啼唱之時，此處勢必有皇后娘娘出世降臨而母儀天下。

擔憂灰狼頭目的狩獵隊歸來、可能會發生激烈衝突，蔣知府踏勘及繪製地形圖後，王知縣速令縣衙官兵離開口隘秘境，蔣知府指著一茅屋神壇（慈雲寺廟址）說：「請教各位長老、平埔族祭拜 太祖 祖靈都設置在地上，何時改爲神壇呀？」。

灰狼部落耆老回答說：「回知府大人的話，那不是 太祖或祖

靈，而是 觀世音菩薩。」。

　　蔣知府非常驚訝的問道：「平埔族敬奉 觀世音菩薩？此乃本府來臺灣首次聽聞、願聞其詳。」。

　　耆老回話道：「稟告知府大人、此乃百年前的部落先祖傳承下來的、這個緣由得從尾隨沈光文先生的陳大人說起，他在羅漢門開設學堂教授漢文教育，草民的曾祖父幼童時即受教於此位陳老師，他隨著前明朝的遺臣、從浙江舟山輾轉渡海來臺，隨身所奉請的 七寸白玉觀音金身，即是從舟山普陀巖分靈而來，爾後要離開羅漢門返回唐山時， 觀世音菩薩夢境顯示不願離去、欲留在此地普渡眾生，因此緣故託付給部落頭目達里關，囑咐每日供奉清香素茶，今已隨灰狼頭目來到口隘。」。

　　蔣知府聽完耆老的詳述、不自覺地肅然起敬而雙手合掌膜拜、喃喃自語道：「大慈大悲 觀世音菩薩、隨著明朝遺臣從浙江舟山來臺灣，明知羅漢門有朱一貴之亂、爲了普渡戰亂的眾生而不願離去，想必也早已算定多年後、下官臺灣知府蔣允焄、會奉天承運大清乾隆皇帝詔諭、至南臺灣破敗天子龍脈、但是 觀世音菩薩所坐鎮的圓潭乃百穴龍母蓮花座寶穴，趁其未成形若不破敗地理穴氣、將來會孕育出鳳凰皇后穴、待其與文武百官穴連成一氣，將會有眞龍天子出世、屆時雙龍搶珠、將是戰禍再起、天下百姓生靈塗炭，敬請 觀世音菩薩原諒。」。

　　王縣令緊張地說：「知府大人、此地不宜久留！時候不早了、灰狼頭目隨時都有可能歸來，屆時若發生衝突、下官縣衙些

微的兵力，無法保護知府大人的安全呀！」。

　　蔣知府回：「好吧！本府已向　觀世音菩薩稟報、吾等乃奉大清乾隆皇命前來破敗龍脈帝后地理，若有冒犯得罪之處實屬無奈、懇請　觀世音菩薩原諒，稟報已完畢可以離開了。」。

　　　　　　蓮花皇后穴袖裡乾坤之大槍山（見p210附檔圖03）

百穴龍母蓮花后　　第十章

# 第十一章

# 馬神歸天虎將殤

　　臺灣知府蔣允焄完成了鳳山縣各地的靈山龍穴踏勘後，告別了王知縣便急忙返回台南府城公署，將多日來的桌山、羅漢門、瀰濃、蕃薯寮、六張犁、口隘秘境等地的龍脈寶穴探尋，以文字詳細敍述再加上地形圖面的說明，完成後裝入文件封套再以蠟密封，遣人渡海八百里加急送往京師朝廷，此密件呈報給乾隆皇帝審閱，詳細稟明鳳山縣各地區域，經多日的仔細尋覓勘查後，源由於北方玄武白玉龍山脈之各地龍脈、及太極之四大神獸護衛著九紫中宮鳳凰皇后穴、分析如下：

一、大桌山；「此山的七星墜地覆頂斗杓穴，曾發生二位富商紳士爭奪爲祖墳而訴訟於縣衙，後經多方查明前明朝遺臣太樸少卿沈光文，還有紹光禪師都曾在 此龍穴寶地上、搭建茅草庵蘆供奉佛祖誦經念佛，故此地早已成爲佛門的廟寺淨地、因而敕令此爲廟寺專用地，已貼出告示及派遣縣衙官兵嚴加看管，諭令此地爲廟寺用地、任何人不得搶奪爲私家祖宗風水，否則依法論處。」。

二、羅漢門；「此地北斗七星墜地斗杓穴，已有紫竹寺 觀音佛祖坐鎮作爲廟寺根基地，另將龍潭、虎山穴收爲腳力坐騎，而將軍山及馬頭山、如同一位悍將追逐著他奔馳的駿馬，將與蕃薯寮『旌旗戰鼓陣』結合，而形成了

『虎嘯風雲穴』，下官認爲將馬頭山及將軍山破敗、卽可破解羅漢門與蕃薯寮結合之勢。」。

大桌山、羅漢門二地乃屬白玉龍山脈西側兌方之『白虎監兵』龍脈地理。

三、瀰濃水；「傳說鄭成功軍師陳永華、擇此地建造清風明月樓，作爲儲存錢糧、武器及訓練菁英之秘密基地，爾後右堆義勇軍林氏兄弟向朝廷請求開墾瀰濃獲准，率領阿里港粵客族人來此開墾，若以白玉龍山延綿至瀰濃山爲靠山、左青龍爲龍肚獅山及龜山、右白虎爲神龍鰭尾的旗尾山，前方是蟠水蛟龍交匯成腰環玉帶，而前明堂爲阿里港等地之遼闊平原綿延直至大海，此地暗藏天子龍穴寶地，下官認爲須於瀰濃山上尋找二條蟠龍水地穴互通處，施作法術斬斷瀰濃的龍脈，而左青龍的龍肚山另藏有『太子蛟龍穴』，亦須施法將之破敗。」。

四、蕃薯寮；「此地雖爲開墾尙未完善的蠻荒之地，但有著千百年的白玉龍山傳說、平埔族長老曾於雲霧中、遙見神龍尾鰭停駐於神山尾嶺、與瀰濃的龍肚相毗鄰，雲端下之神龍鰭尾遂成了「神龍擺尾」的旗尾山，與境內的鼓山互相呼應而成『旌旗戰鼓陣』，下官認爲須將旗尾山穴破敗、則可斬斷與瀰濃之串聯。」。

瀰濃、蕃薯寮二地乃屬白玉龍山脈東側震方之『青龍孟章』龍脈地理。

五、九紫五行；「蕃薯寮若爲九紫中方土宮、瀰濃則爲東震木宮的『青龍孟章』、羅漢門則爲西兌金宮的『白虎監兵』，其南方燈火燦爛的鳳山縣之鳳凰神山、則形成南離火宮的『朱雀陵光』，而北方的水源頭甲仙埔及六龜庄，則形成了北坎水宮的『玄武執明』，因此太極陰陽兩儀的四大神獸便已成形，而白玉神龍之龍鬚幻化二條蟠水蛟龍，源自神山盤旋而下至蕃薯寮等地，過彎曲折已形成了九十九地穴，但唯獨欠缺的是百穴龍母之『鳳凰皇后穴』，此獨一無二的蓮花寶穴若已形成，天地玄黃宏偉之地穴氣場，造就四象八卦之『九五至尊』將磅礴出世。」。

六、大圓潭；「因蕃薯寮尚屬大傑巔社之蠻荒野地、踏勘龍脈地理極爲困難，下官遂由臺灣縣衙護衛、巡查至六張犁駐防處時，遠觀發現一座貌似巨砲的『大槍山』、位置形態乃皇后穴的守護山，故斷定皇后穴就在不遠處但卻遍尋不著，巧合於午後的休憩時刻、口隘平埔族灰狼頭目之女路過時，意外發現她擁有王妃公主之貴氣、且同行女護衛皆爲絕色美女，由此確定她們來自美人窩的皇后穴，但此剽悍部落尚未歸順朝廷、而縣衙兵力薄弱遂不敢輕舉妄動，爾後探知灰狼頭目率領男族人出外狩獵梅花鹿群，趁此良機以巡查爲由迅速進入口隘秘境，遂發現一個位於翠綠色的大圓潭畔，極爲罕見的百穴龍母『蓮花座寶穴』，而於圓潭水流隘口處、傳說龍母能孕育出的『鳳凰皇后穴』、正在含苞待放中。」。

「更令人驚爲玄奇的是此蓮花座寶穴已有　觀世音菩薩守護著，而此座　七寸白玉觀音乃百年前明遺臣、在羅漢門教導平埔族幼童的陳老師所留下，後經由輾轉遷徙至口隘秘境的灰狼部落，被平埔族人供奉已有百年之歷史，鳳凰皇后穴雖極爲難得珍貴、但若不趁其地穴尙未成形而破敗其穴氣，待皇后穴與三區地穴串連一氣；鳳山縣轄內的蕃薯寮、瀰濃、羅漢門等三個龍穴寶地，便會有眞龍天子潛躍出世，屆時將是……雙龍搶珠爭奪皇位、戰亂再起烽火連天、臺灣百姓生靈塗炭。」。

　　清朝乾隆君看完臺灣知府蔣允焄的奏章後、隨卽詔令大淸國師及朝廷地理堪輿學家研議、經由多次的探討及辯論，除了立卽批准蔣知府所稟報的奏章，還遣派北京精通法術之薩滿大法師及二位護法，協助蔣允焄至鳳山縣各地破敗龍脈寶穴。

　　蔣允焄及大法師一行人破敗地理的首戰、便來到了曾經發生朱一貴、吳福生起義叛亂的羅漢門境內，薩滿大法師在蔣知府的引導下至各地寶穴踏勘，研議後確定了此地龍脈已由紫竹寺　觀音佛祖坐鎮守護（註五）而不得冒犯，故只需破敗馬神山的氣場，便可斬斷其與將軍山之互相呼應、亦可斷絕羅漢門及蕃薯寮之聯通。

　　蔣允焄調遣鳳山縣衙門的官兵及丁夫，從馬神山上挖掘泥土運至山下，再將取來之黏岩泥土製成了泥磚，擇於八卦離宮（火剋金）死門處，以此曬乾的泥磚砌成長度約十尺、寬度約八尺的方形管塔、遠觀其形狀如同巨大木柱樁，蔣知府想藉由此馬樁綁

死馬神山氣穴。

　　馬頭山與將軍山所形成的將軍追馬之磅礴氣勢、乃白玉山神龍藉由天地玄黃、滄海桑田所形成，萬千年的鬼斧神工、移形換影所雕塑，還有白玉龍千百年來的龍脈靈氣灌頂所培育，方能造就羅漢門的威鎮八方之『悍將戰馬』寶穴，神龍培育完成後的虎穴，便交由白虎監兵神君所派遣的守護神靈保護，但自上古以來的神靈幽冥境域、有正就有邪、有神佛降臨便有鬼妖相隨，故此寶穴雖有神靈守護、亦有半正邪的鬼妖在此修行、或是覬覦吸收此穴日月精華，多年來互不侵犯而相安無事。

　　馬神山及將軍山的神靈及鬼妖、遭遇這遠從中原渡海來南臺灣鳳山縣破敗地理的劫難，往昔雖道不同不相為謀，但如今有了共同的敵人、遂不分彼此地破壞馬椿工程，而神靈鬼妖最擅長於驅使野獸犬貓、法術迷惑鼓動牠們的好奇玩心、將尚未曬乾的泥磚及搬運工具撕咬破壞殆盡，故而連續二天的泥磚工程均毫無進展，也有幾位工人受輕傷，讓蔣知府及薩滿大法師起了疑心，蔣知府對此狀況分析道：「大法師尊駕、羅漢門雖經漢人於康熙年間來此開墾了幾十年，但馬頭山至蕃薯寮的區域尚屬蠻荒之地，而羅漢門雖也有信眾興建大廟、讓神佛坐鎮羅漢門安境鎮煞三十年有餘，但此地乃神佛鞭長莫及之處，故有野神邪妖在此騷擾馬椿的泥磚製作，請大法師施法驅離這些鬼怪，讓泥磚工程能順利進行。」。

　　薩滿大法師聽完蔣知府的分析後，非常贊同他的講法，隨即

示意二位護法拿出降妖伏魔之各種法器，對著製作泥磚的場地四週圍繁複施作法術，佈下堅固如金鐘罩之法術結界，藉此可阻擋神靈妖魔鬼怪的侵入，隨後再擺下祭壇香案開始祭告天地，蔣知府率領薩滿教大法師及護法還有眾官兵衙役，於馬神山前宣告諭令：「奉天承運、皇帝詔曰；大清乾隆年號二十八年、臺灣知府蔣允焄奉乾隆皇帝詔命，到此破敗馬神山龍脈氣穴，遏止馬頭山與將軍山組成了汗馬虎將之勢，再與蕃薯寮的『旌旗擂鼓穴』互相結合，而形成白虎監兵之『虎嘯風雲穴』，爾後再與瀰濃的青龍孟章之『太子蛟龍穴』會合，前鋒及文武左右護法、將護佑蕃薯寮的口隘『鳳凰蓮花穴』成形，隨著出世的帝后、將帶來戰禍之生靈大浩劫。」。

　　蔣知府等人詔告完後，薩滿大法師便開始施作巫法邪術，大法師派遣二位護法至馬頭山的馬嘴處之上方、環繞著半個圓圈埋設多處爆炸火藥，隨後再澆灑煤油引燃後可點燃火藥炸山，此法可預防馬神山之守護神靈反撲及周遭邪魔妖怪侵襲，炸毀馬神山之山形而敗其穴氣、及以火炸剋制金系兌宮的白虎監兵之虎穴，就在炸藥爆炸剎那間……馬神山頓時山崩地裂、傳來鬼哭神嚎之淒厲哀嚎聲、一陣陣如萬馬奔騰的烏煙、盤旋許久後方肯竄天而去，被炸落一大片山坡的馬神山……就此破敗。

　　馬頭山被炸毀及以邪法破敗後，致使將軍山的氣場瞬間衰敗下來，大法師深知既已斷絕二山之串聯呼應，將軍山已是唾手可得，隨即率領二位護法在蔣知府官兵護衛下，來到將軍山上擺設祭壇施法破敗地理氣穴，此時……天上風雲突然變色、烏雲密佈

73

馬神歸天虎將殤　　第十一章

籠罩於羅漢門上空、地穴靈氣守護神及野神邪妖不甘千年寶穴就此被毀敗，雖經正邪神鬼同仇敵愾地極力反抗，但終究無法抗衡其有奉天承運之皇帝君令，嗚呼哀哉！虎嘯風雲威震八方的將軍山、隨著馬頭山之後也被破敗了。

虎嘯風雲將軍追馬之馬頭山（見p211附檔圖04）

楠仔仙蟠龍七星：歷史典故

# 第十二章
# 顛鸞倒鳳倒插竹

破敗鳳山縣轄區地理的第二戰、蔣知府一行人就來到了東蟠水蛟龍的瀰濃神山上，薩滿大法師及護法在王知縣的帶領下至各處踏勘，先登上旗尾山及瀰濃山勘驗地形，後至龍肚及獅山、龜山處與蔣知府多次研議後，確定了瀰濃後座山卽白玉龍神山、長鬚幻化的二條蟠水蛟龍、造就了左青龍的龍肚之「太子蛟龍穴」、右白虎的龍尾鰭之「神龍擺尾穴」，及大法師發現玉帶母河透過地穴泉道穿越瀰濃山（四頁山）腳下，與口隘秘境的「鳳凰皇后穴」連結一氣。

衆人在擬定施作法術策略時、二位薩滿護法提議參照羅漢門炸馬神山的方式，以炸藥毀山形而敗其穴氣，但蔣知府向大法師解釋稟報說：「羅漢門因前有朱一貴及吳福生叛亂之故、以炸藥毀山形及燒山破敗龍脈地理，再以告示宣導破敗地理，只爲了防範藉機叛亂，不會引起民怨沸騰，但瀰濃人乃協助大清平定朱吳之亂的義勇軍，經由右堆將領林氏兄弟向朝廷申請，來瀰濃墾荒居住多年均奉公守法，且粵客籍漢人向來極重視風水地理，若是激烈的施作法術來破敗地理，恐將導致民怨四起而爆發動亂，此乃吾朝聖上之諭令：須尊崇臺灣當地佛道教風俗，建議請大法師以較和緩之法術方式進行。」。

薩滿護法與大法師激辯許久後、皆認爲瀰濃山型較巍然而不

易炸崩、方肯依照蔣知府所說的低調進行法術，衆人研議將旗尾山氣穴留置與蕃薯寮一併破敗，大法師率衆登上了瀰濃山仔細勘查、尋覓玉帶母河與瀰濃互通的地穴泉道之處，步罡踏斗鳥瞰正臨山下玉帶母河大彎弓處，對面清晰看得到瀰濃人遷徙的新村莊（圭柚腳），此雙峰之峽谷乃村民進出瀰濃區之山路（靈山），此處卽是瀰濃山吐納蟠水蛟龍灌頂穴氣來源。

故而蔣知府及大法師擇定於北側較高的山峰、作爲施法「天地香爐」（大坪頂）基座，派遣官兵挖一個狀如香爐之圓形坑洞、挖深埋入順治帝入關中原稱帝、祭祀天地之香爐灰、及安座香爐底的珍稀古寶；「七寶銅」。

蔣知府遣人擺設好祭壇香案，官兵們手裡小心捧護著、大法師從京城運來以黑布包裹的三支綠竹（註六），緩慢打開包裹布封、取出貼滿黑魔邪咒的綠竹，依照大法師的指示倒插種植於天地香爐上，諸法術器皿安排就緒後，二位護法便開始施作法術，此法乃失傳禁用已久的薩滿教上古邪法、能使乾坤顛倒故名曰「顛鸞倒鳳」，施法之時、天際烏雲籠罩致天昏地暗。

蔣知府率領大法師及護法祭拜天地宣告諭令：「奉天承運、皇帝詔曰；大清乾隆年號二十八年、乾隆皇帝詔命：敕令清朝薩滿大法師率衆護法，會同臺灣知府蔣允焄到此破敗玉龍神山龍脈，以順治皇帝開國祭天地之七寶銅神器安座、天地香爐倒插竹香控告天地不公，大清康熙年號二十二年（西元1683年）、臺灣王鄭克塽舉全國投降大清，受封爲清朝正黃旗漢軍公，因而臺灣

歸順大清皇朝已八十年有餘。」。

　　蔣知府仰天合掌膜拜說：「上天有好生之德，但怎容玉龍神山造就羅漢門、瀰濃山、蕃薯寮等地龍蟠虎踞，此三地待得百穴匯集、百鳥朝鳳，帝龍躍出鳳后鳴世，屆時、雙龍搶珠烽火再起、臺灣千萬生靈塗炭，豈是鳳山縣轄區三福地之幸耳？為防範日後有人效法朱吳之亂、再度掀起搶奪皇位之戰禍，吾等奉皇命前來破敗各地龍脈寶穴，得罪之處請勿責！莫怪！」。

顛鸞倒鳳倒插竹　第十二章

# 第十三章
# 太子殞落龍肚臍

　　二位護法將顛鸞倒鳳施法完畢後，大法師囑咐眾人維持現狀、不可破壞現場一草一木，蔣知府等人退開施法現場後、大法師便開始施作鬼魅結界保護此邪法。

　　結界保護巫邪倒插竹不被破壞，待其過了七七四十九日、鬼魅結界會自動消散後，倒插竹鬚根依藉著暗黑魔法、已深入地底下交纏盤結，再也無人無法可將之剷除破解，蔣知府率官兵護衛著法師們下山、稍作修整後便往龍肚方向前進，沿路探討及尋覓破敗太子蛟龍穴之法，經由多方假設推論後、大法師凝視蔣允烋許久後說：「前幾日吾等尋覓震木青龍肚臍之太子穴、作為施作法術破敗此穴最有效之鑿力點，卻因茂盛山林為之掩覆而遍尋不獲，今日既已阻斷了瀰濃山下龍脈穴氣的聯通，亦即切斷了太子穴與龍氣脈絡之臍帶連結，此穴若失去了臍帶水源的支援供應、其青龍肚臍眼即轉為虛弱而較易於現形，而其位置應是藏於群峰山陵之谷地低窪處，如今應可察覺得出、太子龍穴正在敗洩龍氣中。」。

　　蔣知府大聲喊說：「大法師尊駕、請看前方龍肚群嶺山腳下、二座丘陵合攏處有股白霧嬝繞後、直竄上天而去，極有可能是您所說正在敗洩龍氣中的太子穴。」。

**楠仔仙蟠龍七星**：歷史典故

眾人隨著蔣知府手指方向看去，大法師便確定太子龍穴就在白霧嬝繞處，急忙趕至龍肚山腳下尋覓，於一處丘陵谷地發現了個蓄滿水的池塘，薩滿大法師說：「哈哈！果然不出本座所料，此乃青龍肚臍眼是龍脈最脆弱之要害處，若要破敗太子蛟龍穴就得從此處下手，知府大人是否同意本座的說法。」。

　　蔣知府笑著回答：「只要能以較低調之方式來破敗太子龍穴、不會導致瀰濃當地的民怨甚而引起動亂，下官悉聽大法師尊駕的調遣辦理。」。

　　大法師質疑問說：「蔣知府未免太客套了吧！大人乃地理勘與學者中之翹楚高才，想必知府大人心中早已有了破敗穴氣之法吧？」。

　　蔣知府自信地回答：「下官豈敢於尊駕前班門弄斧呀！且觀察此水塘能滿而不溢、其池底下應有吐納之泉水地穴，千百年的宇宙洪荒、造就了此埤塘護堤，滋潤著太子蛟龍穴氣，若將其護堤掘開使其枯竭，就可徹底破敗此地穴。」。

　　大法師回：「蔣知府言之有理呀！就依大人的掘開護堤之策略將其破敗吧。」。

　　大法師思索著說道：「但是……吾等似乎忽略了一件事喔！白玉神龍的後腳龍爪會有前後蹲姿、以利於奔騰飛躍之勢，應是分別潛藏於二條蟠水蛟龍溪河中，後蹲龍爪可能在神龍尾巴旗尾

山的左後方，而前蹲龍爪則會在龍肚臍的右前方，後龍腳爪威力極猛、故而欲破敗瀰濃龍肚太子穴之前，須將此後龍腳爪給鎮壓住，否則挖土堤的丁夫挖掘施工時、將會受到後龍腳爪反撲而受傷。」。

蔣知府拱手作揖地笑說：「唉呀！幸好大法師提醒、下官不該忘了此件重要之事，若無預先剋制住神龍後腳龍爪而驚嚇了工人，挖掘工程就找不到人了。」。

大法師與蔣知府遂分頭進行，大法師帶領二位護法尋找龍爪座落處，來到了龍肚右前方的一座丘陵處，觀其外型類似於雞爪（雞爪坑），臺灣縣衙官兵護衛著大法師及二位護法，順著此丘陵而下至山下溪畔，遠觀溪底卵石狀態如同龍爪指甲，大法師確定了龍爪位置，便要護法取三支貼滿符咒的降魔鐵杵，又從一華麗長木匣中取出玄武神劍，擺設祭壇香案後便開始施法，此時後腳龍爪的守護神靈及周遭鬼妖現身阻擾，大法師請出降妖伏魔法寶玄武神劍驅趕，守護神及眾鬼妖只得退離。

薩滿大法師見此地神鬼不敢靠近，遂將玄武神劍插入溪畔卵石泥砂中時、刹那間龍肚的群峰山搖地動、荖濃溪邊更是傳來各種淒厲的神鬼哀嚎聲、而當地荖濃溪水則由清澈見底轉為黑紅血色，及傳來一陣陣難聞的血腥味，大法師速令二位護法將三根貼有符咒的鐵杵釘入荖濃溪畔，鎮壓住神龍腳爪後方時、再將玄武神劍拔出而離開。

而另一方面的蔣知府則找來龍肚村庄的保正、表明臺灣知府巡查瀰濃農田開墾情況，發覺山腳下的該處埤塘需掘開土堤，再以圳溝引導至農田灌溉，亦可防範豪雨季節溢堤狂瀉而下，既可讓本地農戶增加農田收入，亦可讓府庫增加稅收，故要其招募丁夫將埤塘護堤掘開，及通知此區農田地主及仕紳出錢共襄盛舉，保正費了不到半天的大聲喧嚷徵募、便陸續來了百餘位壯丁。

　　蔣知府高興地對保正說：「辛苦了！短時間就募集這麼多人，仕紳及地主也很熱心捐獻工資，完工後募款若有結餘，則做爲獎勵掘堤工人的獎金，不足額由本知府補貼、燃放鞭炮開工吧。」。

　　隔日凌晨這百餘名丁夫集結完，掘堤及挖溝的工程便開始進行，到了傍晚埤塘護堤挖掘順利完成、池塘水也已緩緩流出而幾近枯竭，衆人歡天喜地荷鋤回家。

　　第二日欲繼續完成水溝工程時，怪事發生了……埤塘護堤竟然又恢復了原狀，更令人不解的：快枯竭的池塘水又滿而不溢，爲了不引起恐慌，蔣知府讓排水溝工程繼續完成、到了下午便大致完成，蔣知府令保正發放工資後遣散丁夫、待埤塘護堤之問題解決後，再召集回來進行挖掘工程，爲防範敗地理行爲引起躁動而說：「埤塘護堤竟於一夜之間恢復原狀，必有邪靈妖魔作祟，待本府請來法師施作法術制衡後，便會通知保正再召集村莊丁夫，繼續進行挖掘的工程。」。

太子殞落龍肚臍　　第十三章

蔣知府遣散完挖溝工人、隨卽與大法師及護法研討應對之策，待夜晚時刻來臨時，大法師施法調遣山神精靈詢問此事，方知龍肚臍眼池底有地穴湧泉，若不施法將太子穴破敗，池底會源源不斷地湧出泉水、而湧泉也會堆積淤泥修護埤塘堤岸。

大法師說：「本座與護法尋獲右前方龍腳爪之位置，施作法術以五行金剋木星青龍屬性，而將三支符咒鐵杵插入溪畔龍爪處，當地穴之守護神及周遭鬼妖前來阻擾時，均被法器驅散，應是祂們轉而前來助陣，阻擾吾等破敗太子穴。」。

蔣知府問：「大法師尊駕、可否再以金鐘罩結界隔絕祂們的侵擾？」。

大法師頗有自信地說道：「前日於羅漢門製作馬椿泥磚之現場範圍小，現今挖掘護堤的工程範圍較大，施法結界會耗損太多法力，本座自有他法可處理此事。」。

大法師與二位護法私下商議完，護法便從行囊中取出了法器、擺設祭壇香案後便開始施作法術，在八卦兌宮（金剋木）死門堤岸處，埋入夭折的嬰屍及灑上黑狗血，最後再插入了三支貼符咒的降魔鐵杵，剋制震宮木星的青龍孟章神君地穴，雖然太子穴之守護神及周遭鬼妖極力反抗，仍無法抗衡大清乾隆天子皇命，剎那之間樹林中傳來淒厲哀嚎聲、池塘上一股濃霧盤旋許久後竄天而去，池底下的湧泉轉爲黑血色湧出，大法師說：「知府大人呀！太子穴已被壓制而損敗、明日便可召來丁夫挖掘埤塘堤

岸。」。

蔣知府憂傷地說：「大法師尊駕法力高強、千百年造就的太子蛟龍穴遂毀於一旦，吾等皆為皇命欽差，今日破敗龍脈皆為天下蒼生，勿念！莫怪。」。

隔日蔣知府命龍肚保正再召來村莊丁夫，繼續挖掘池塘護堤開口洩水，因瀰濃山龍脈臍帶供養已經被斷絕，龍肚右前方的龍腳爪也已被剋制，再加上太子蛟龍穴氣已被壓制無法動彈，守護神靈再也無法以湧泉堆淤泥修護堤岸，隨著護堤被挖開之後，龍肚臍眼再也無法蓄水滋養龍脈氣穴，此瀰濃水的太子蛟龍穴就此破敗。

青龍孟章震木龍肚群山.獅山.龜山（見p212附檔圖05）

# 第十四章
# 神劍鎮山斷龍爪

　　瀰濃的龍脈破敗任務完成後，蔣知府與大法師等人繼續前往下一站、白玉神龍擺鰭尾的旗尾山，因為「小蔣敗地理」已在當地漸漸傳開來，唯恐有百姓因反對而作亂，而且蕃薯寮尚屬蠻荒禁地，時有生番出草殺害漢人取走人頭，遂由臺灣縣衙的王縣令、多調派官兵護衛蔣知府等人。

　　沿路上蔣知府對大法師分析目前狀況說：「白玉神龍擺鰭尾而形成了旗尾山，其山勢型態極為玄奇神秘，若於蕃薯寮六張犁的駐防處、或於蕃薯寮武鹿坑處遠眺旗尾山勢，各自有其不同的山形景象，而若於蕃薯寮境內及瀰濃區域近觀旗尾山勢，又是另一種的山形奇觀，若將北宋文豪蘇東坡對廬山的形容：『橫看成嶺側成峰、**遠近高低各不同**』，拿來描繪敘述神龍擺鰭尾之旗尾山的奇特山勢，應該是再恰當不過了呀！」。

　　蔣知府接著說：「鳳山縣轄區若以九紫五行、四象八卦之龍脈格局而論、已將西兌宮金星『白虎監兵神君』之羅漢山、東震宮木星『青龍孟章神君』之瀰濃水破敗，現如今要破敗的是中宮土星『旌旗戰鼓蕃薯寮』，而玉龍神山擺尾的旗尾山，有著神龍見其首而不見其尾之神秘詭譎中樞，若是擺尾於瀰濃山、則是西兌宮金星右白虎護陵，若擺尾於蕃薯寮，則是東震宮木星左青龍神山，若不動而穩如泰山，則可與鼓山串聯成為「旌旗擂鼓

穴」、再與羅漢門馬頭山互相呼應。」。

　　薩滿大法師聽完蔣知府的地理勘輿分析、在山下詳細觀察旗尾山的雄偉氣勢說：「吾等於前日既已在瀰濃山上、以順治帝祭拜天地之七寶銅安座、倒插竹詛咒香於天地香爐施法祭告，又將羅漢門之馬頭山地穴、瀰濃水之太子蛟龍穴敗壞，使旗尾山失去憑藉及串聯呼應，如今則以金系法器剋制木星青龍屬性即可。」。

　　蔣知府回：「地理堪輿論理雖如此可通也，但旗尾山上既有白玉龍擺尾、山下溪畔更有神龍五爪金龍腳之威猛煞氣，且其後方還有六張犁駐防隘口之大槍山、口隘秘境蓮花寶座穴及鳳凰皇后穴的聯通支援，請大法師尊駕千萬不可等閒視之，下官認為需有上古神器配合法術才能成事，否則須從長計議方可。」。

　　大法師向二位薩滿護法點頭示意、二位即從行囊中拿出一個長木匣盒，護法們打開線雕華麗的錦盒時，此古老神劍閃爍著一絲寒光，大法師翹高眉噘嘴地說：「本座參閱過知府大人稟報聖上的奏摺，針對白玉龍神山於南臺灣末端、在鳳山縣造就的各地龍脈分析，第四項蕃薯寮所提到的旗尾山、有著古老傳說中……白玉龍尾鰭顯現的神龍擺尾之勢，恰如大清水師艦隊遠觀臺灣海島尾端之狀，形同一條大鯉魚的魚尾，而驅動魚龍前進最為有力量之處就在尾巴、而控制方向的尾鰭力量更為強大，再加上旗尾山與鼓山串聯成『旌旗戰鼓陣』，豈容吾等小輩等閒視之乎？此行出發前，本座已向聖上請得此尚方玄武神劍，方能剋制旗尾山

的神龍擺尾之神威。」。

蔣知府向大法師拱手作揖賠禮：「大法師通曉天文地理，早已掐指算準了剋制之術，故能有備而來、失敬呀！失敬、是下官失言冒犯了尊駕的神算。」。

大法師望著玄武劍恭敬地說：「知府大人太客套了！吾等皆身揹皇命而同爲皇上效命，本應小心行事及多做準備，方能不負皇命完成任務，本座料定此行若無此寶劍出鞘、必定無法辦好此差事，故再三向皇上啟奏請求恩賜神劍隨行，而吾皇天恩浩蕩、英明睿智，雖百般不捨仍批准了臣下的請求，更應許臣下若是完成破敗任務，就將此神劍賞賜于本座法壇的鎮殿之寶，玄武神劍向來是降妖伏魔之至上法寶，令人料想不到的是……前日覓得龍肚的右前方龍腳爪，玄武寶劍竟也能剋制白玉龍神威，因而方能順利完成破敗太子蛟龍穴之任務。」。

蔣知府說：大法師已試過玄武寶劍神威、看來吾等破敗旗尾山神龍擺尾龍脈已是胸有成竹也。」。

在蔣知府官兵的護衛下、二位薩滿護法攙扶著大法師，小心翼翼地走下陡峭的旗尾山下溪岸，此時正逢秋末冬初旱季導致溪河水位降低，溪底斑駁參差的咾咕石（註七）現出蹤跡，遠觀其外型如同巨龍大腳伸張的五爪，雖正值冬季仍水霧瀰漫籠罩、令人難辨其廬山眞面目，陣陣寒意襲來而令人不寒而慄，蔣知府警覺喊道：「縣衙官差們張大眼睛小心戒備、此地透著詭異靈氣，莫

太靠近河水溪畔。」。

蔣知府的話才剛說完、真可形容是說時遲、那時快⋯⋯有位官兵趁著眾人仔細觀察神龍的腳爪時，偷偷溜到溪畔岸邊小解一番，卻不慎滑倒跌入溪中，幸經眾人救回的官兵、早已被尖銳的咕咾石割得遍體鱗傷，此名官兵經隨行的郎中醫治時說：「太可怕了！溪水中似乎有好多隻手、欲強行拉我入水中⋯⋯」。

蔣知府與大法師研議後，覺得連日來各地的破敗龍脈地理，已讓蕃薯寮地穴之守護神靈，有了警戒防備之心，再加上蕃薯寮的旗尾山，除了有神龍見首不見尾之神隱，竟如傳說中還有龍尾下的「蟠龍舞爪」之神威，對其若不存著敬畏戒慎之心，稍一不慎、便會有人員受傷，威猛顯赫實如蔣知府先前所說的：不可等閒視之。

遂命眾人快速離開溪畔，退離至不遠處較寬闊泥岸，大法師對著溪畔咾咕石說：「神龍擺尾後腳五爪、凶狠威猛果然驚人，不容生人隨意靠近侵犯，但吾等欽差身揹皇命諭令，亦容不得爾等抗旨不遵，待本座於河岸上設壇祭告天地後，本穴位神靈精怪再有不從，本座將請出玄武尙方寶劍，降伏神靈斬殺妖魔。」。

大法師與護法在官兵護衛下，來到了此穴八卦兌宮（金剋木）死門河岸處、開始施法擺下金鐘罩結界，隨卽擺設祭壇宣告乾隆皇命後，便囑咐護法取出玄武神劍傳遞給他，並將三支貼滿符咒的降魔鐵杵取出預備，大法師拔玄武寶劍出鞘時⋯⋯周遭顯

露出令人寒慄之肅殺氣氛，他對著神龍腳爪咾咕石上方、以玄武神劍在空中畫符咒，當每道符咒畫完便以劍砍向龍腳上空，時而傳來電光雷石般之瞬間閃光，大法師畫完符咒後便將玄武神劍插入泥岸，剎那間……山搖地動、鬼哭神嚎，而料想不到的是、俗道人算不如天算，金鐘罩結界防得了神鬼，卻防不了眾人身後堤岸峭壁，因劇烈搖動而土石坍塌砸傷數人，蔣知府遂命令官兵以盾牌防衛身後堤岸峭壁。

　　大法師手持數張符咒向空中頓點、點火燒完符咒後，命二位護法將降魔杵釘入死門處，此時潮濕的泥岸已緩緩滲出黑血水，但神龍腳爪仍不肯屈服，溪畔處襲來刺骨寒風，強風中捲含著溪畔砂粒，搭配神龍擺尾的山搖地動，形成一股飛沙走石之態勢，飛砂劃傷臉頰使人張不開眼、使人無法辨識走石從何處而來，蔣知府讓官兵以盾牌擺金鐘罩陣，將大法師護法及知府圍在圓圈中心護衛。

　　大法師喃喃自語道：「原先只想以金器剋制木星屬性的你、別妨礙了吾等破敗地理，既然好話已說盡還如此頑劣，那就休怪本座無情了，知府大人讓官兵以盾牌金鐘罩，護衛吾等走向神龍腳爪咾咕石處，讓本座以玄武神劍斬斷這不肯屈服的蟠龍舞爪。」。

　　官兵們以盾牌金鐘罩、小心戒慎地護送大法師及蔣知府至咾咕石處，但走到一半就停頓下來大喊：「知府大人、前方有一群非常兇惡的大鱷魚，怎麼前進呀？」。

大法師知道此乃神龍所使的迷魂陣，遂令護法以開天眼符水洗淨官兵被迷惑之雙眼，方能順利來到腳爪咾咕石處，當大法師拔玄武神劍出鞘時，蔣知府求情地說：「法術高強的大法師尊駕、此神龍腳爪乃千百年以上的神蹟造化，真的沒其他方法可替代，而必須將祂斬斷，方可將其降伏而讓牠屈服嗎？」。

　　大法師回：「本座與蔣知府感同身受，捨不得蟠龍舞爪因此被斬，但其不肯屈服頑劣抵抗，若不將其斬斷而假以時日，必將衝破束縛、再造化嶄新的龍脈地穴，到那時、吾等將以怠忽職守論罪，朝廷仍會另派他人來斬斷神龍腳爪。」。

　　大法師料定神龍五爪位置後，嘴巴念著薩滿咒語、以玄武神劍在五爪十關節處斬斷筋脈，而每個關節被斬斷時、溪河裡傳來淒厲的嗚嗚哀嚎聲，旗尾山上則傳來龍吟虎嘯之怒吼，讓人聽了有種哀傷感、又夾雜著莫可奈何的無名火、大法師說：「大清帝國乾隆皇帝正值日正當中、國泰民安又兵強馬壯，怎肯容得臺灣再出一個真龍天子，今持御賜尚方寶劍斬神龍五爪，實因爾等不識時務，莫怪！」。

　　蔣知府哀傷地說道：「嗚呼哀哉！乾隆皇命欽差臺灣知府蔣允焄、會同大法師及護法來此破敗龍脈，皆為避免雙龍搶奪皇位、致臺灣百姓生靈塗炭，勿責！莫怨。」。

　　隨著神龍腳爪被斬斷、飛砂走石也因而停止下來，旗尾山的龍吟虎嘯轉為北風中之嗚呼長鳴……，似乎在呢喃著其對大清皇

朝的不滿，蔣知府對著大法師低語：「斬斷了神龍後腳五爪，恐將面臨神龍擺尾穴的滿腔怒火之守護神靈，接下來的旗尾山龍脈破敗任務，若無良策應對，此行怕是兇多吉少喔！」。

大法師皺著眉說：「吾等皆身揹皇命，連日來的龍脈地理破敗，已漸漸陷入險境，如今的處境可說是：前有狼後有虎呀！幸好有此御賜玄武神劍可剋制神龍，只需找到神龍擺尾之要害位置，將玄武神劍插入深埋於此，便可剋制青龍孟章。」。

蔣知府滿臉疑惑的問道：「玄武神劍乃御賜寶劍，無法帶回京師覆命、如何向聖上交代？」。

大法師極有信心的回：「若能將敗地理任務圓滿完成，吾皇寬宏仁智、應會原諒臣下。」。

王知縣率兵護衛蔣知府等人尋覓神龍擺尾脆弱處，沿著旗尾山路行至神龍尾呈S型前彎處，大法師與蔣知府研議此處地穴，乃玉帶母河大水灣處，千百年來龍脈灌頂滋養著此地穴，亦是與母河對岸的鼓山所形成之『旌旗戰鼓陣』。

蔣知府對著王知縣說：「王大人辛苦了，忙完臺灣縣衙之公務後，隨即率領官兵前來與吾等會合，你可知右前方之山陵、遠觀似乎是大象頭型，是否有任何古老靈異傳說呀？」。

王知縣拱手回話說：「敬請知府大人莫怪、下官本自認為此

傳說與龍脈無關，所以未向您稟報。」。

王知縣幾乎是半闔著眼睛、如數家珍般地細訴瀰濃地區靈山之古老傳說：「瀰濃地靈人傑除了龜山及蛇山、還有右白虎護陵大象山、乃傳說中　釋迦牟尼佛之右脅侍、華嚴三聖中的　普賢大行菩薩，將祂的坐騎　六牙白象分靈坐鎮於此，『幫助一切眾生脫離娑婆苦海，往生西方極樂世界　阿彌陀佛清淨國土』。

而左青龍護陵上的獅頭山則是　釋迦牟尼佛左脅侍、華嚴三聖中的　文殊師利大智菩薩將祂的坐騎　威猛青獅的分靈坐鎮於此，教化眾生『只有修智慧、才能明是非，除十惡、修十善，離塵垢、淨性體，度有情、入涅槃』……。」。

蔣知府恭敬地雙掌合十膜拜說：「阿彌陀佛、善哉、善哉！殊不知王大人能將此佛家傳說，說得是精闢入理呀，吾等何其三生有幸、於此地能遇上『大智文殊菩薩』、『大行普賢菩薩』的坐騎，而於前些日子在羅漢門、蕃薯寮的口隘秘境遇見的『大悲觀音菩薩』，佛祖的四大菩薩中只尚未拜見『大願地藏菩薩』。」。

蔣知府與王縣令聊著四大菩薩時，縣衙官兵已按照二位護法指示，將祭壇香案準備完畢，蔣知府請求大法師寧可信其有此傳說，施法地點勿太靠近大象山，以免觸怒　普賢菩薩的坐騎　六牙白象王。

待一切就緒後，蔣知府率眾人祭告說：「奉天承運、皇帝詔曰；大清乾隆皇帝詔命：敕令清朝薩滿大法師率眾護法，會同臺灣知府蔣允焄、到此破敗神龍擺尾的旗尾山地穴，併同前所斬斷神龍五爪之種種行為，皆為壓制白玉神龍造就出真龍天子，避免如朱一貴於台南府城稱帝、臺灣境內烽火連天、無辜百姓死傷遍野，更造成了閩粵二族的仇恨械鬥，故由大法師將御賜玄武神劍深埋於此，永久剋制神龍擺尾、勿怪、莫怨！」。

　　蔣知府接著說：「奉請　普賢大行菩薩座下　六牙白象王尊者，下官臺灣知府蔣允焄、奉乾隆皇命來此旗尾山、破敗神龍擺尾地穴，若有冒犯之處莫怪、敬請原諒。」。

神龍擺尾之旗尾山遠近高低景象（見p213附檔圖06）

楠仔仙蟠龍七星：歷史典故

# 第十五章
# 移形換位大槍山

　　蔣知府率領眾人祭拜完，大法師再上香奉請出玄武寶劍，向神劍稟告祂將永久深埋於旗尾山，坐鎮剋制神龍擺尾、壓制其不再興風作浪，隨後便走向王知縣率員挖好的大土坑，而土坑底已擺著貼了符咒的木雕假皇帝，大法師施完法術就縱身跳下土坑，將玄武神劍刺穿木雕像後、隨即由官兵攙扶離開，當時……現場突然颳起一陣怪風、風中傳來青龍鳴吟、白虎怒嘯之淒涼聲，更怪的是、土坑滲出黑血水、玄武神劍竟緩緩沉入地底下……，隨之而來是整座旗尾山隱隱地似乎開始搖動，山上的樹林亦傳來木頭摩擦的聲音。

　　蔣知府及大法師都覺得情況不太對、二人深知已觸怒了白玉神龍神威、正在使出神龍擺尾雷霆之威，擔憂引起恐慌、除了催促官兵將土坑快速掩埋，也儘快收拾祭拜器皿後準備下山，而此時開始颳起了捲動砂礫的強風，旗尾山也開始劇烈地搖動起來，臺灣知縣王大人吆喝官兵保護蔣知府及大法師，眾人就這樣跌跌撞撞的狼狽下山，蔣知府等人再次感受到神龍擺尾之威力，受了輕傷的大法師感慨地說：「唉！幸有御賜玄武神劍坐鎮於此，否則吾等小輩可能無命回中原了。」。

　　蔣知府恭敬地拱手說：「大法師尊駕言之有理啊！若非您不忌諱此舉將會觸怒皇上龍威、又肯割愛將御賜尚方寶劍永留於旗

尾山坐鎮，怕是吾等小命得留在此地了，幾日來的奔波累壞了欽差尊駕及護法、也有官兵因而受傷及受到驚嚇，故而下官恭請大法師及二位護法回駕台南府城後，設宴款待為各位洗塵壓驚，亦可詳細討論蕃薯寮蠻荒危險的口隘秘境，該如何破敗此地的鳳凰皇后穴。」。

幾日後、正當大法師及二位護法在公署與蔣知府研議，在口隘秘境如何完成任務時，王知縣戰戰兢兢地向他們說：「大法師欽差、知府大人請容下官稟報，鳳凰皇后穴位於危險蠻荒的蕃薯寮之口隘秘境，此地區目前尚為列管之禁地，除了時常有生番出沒，還有受過漢化教育及漢人混血、剽悍神秘的灰狼部落，既已破敗了羅漢門的虎嘯風雲穴之馬神山及將軍山，在瀰濃山埋入順治皇帝祭天地安座的七寶銅，以三柱倒插竹控告天地不仁而施法顛鸞倒鳳，順而破敗了瀰濃龍肚的太子蛟龍穴及右後腳龍爪，又斬斷神龍左後腳龍爪及破敗神龍擺尾穴、甚至將御賜玄武神劍深埋旗尾山、破敗其與鼓山串聯成旌旗擂鼓穴，造成皇后穴已孤立無援，還需破敗祂嗎？」。

蔣知府搖著頭說：「王大人言雖有理，就怕鳳凰皇后穴有著吾等參透不了的神力，擔憂祂千百年受潤於玉帶母河的滋養，乃源自於白玉神龍山的玄武執明之境。」。

大法師一直點著頭示意說：「蔣知府所擔憂之事、亦是本座最煩心之憂，以五行八卦而言，皇后穴位於九紫中宮的土星，憑藉著千百年來的西蟠龍玉帶母河，吸收西方桌山及羅漢門的七

星墜地之白虎金脈氣，反哺白玉神龍山的北玄武水之境，再發源東蟠龍水滋養東青龍木瀰濃，青龍木又滋養著南離火朱雀的鳳山縣，而朱雀火迴轉循環滋養了中宮土星皇后穴，雖已破敗及斷絕左青龍瀰濃水、右白虎羅漢山的循環，但尚有北玄武及南朱雀無法無術可破，不知假以時日後會如何？」。

擔憂前往蠻荒危險的口隘秘境，蔣知府及欽差大法師會受到攻擊，王大人說：「大法師欽差、知府大人、下官並非貪生怕死而懈怠，實因縣衙的兵力不足以保護欽差及大人，據縣衙差役回報、六張犁隘口駐防處的平埔族縣役說，上次咱們闖入口隘秘境踏勘及繪製地形圖，灰狼大頭目狩獵回來獲知後氣得直跺腳，若是要再闖此區域破敗地理，以臺灣縣衙能派出的薄弱兵力，欽差及大人恐會有安全上的顧慮，應有福建分巡臺灣道鎮的火槍隊護衛較為安全。」。

蔣知府頗有自信地回說：「臺灣道台余大人亦曾告知本府此事，也囑咐若需火槍隊護衛執行皇命、只要呈報給他、便會立刻調度臺灣道鎮兵力及火槍隊支援。」。

臺灣道台余文儀大人接獲臺灣知府蔣允君的調兵匯報，不敢輕忽而隨即派遣駐紮於臺灣的部隊菁英及火槍隊，護衛欽差大法師及蔣知府等人執行皇帝諭令，蔣知府主張前往六張犁沿路時、必須大張旗鼓、圖謀以打草驚蛇方式威嚇番民走避，下午來到了蕃薯寮的六張犁駐防處，部隊紮營修整完畢後便開始進入戒備狀態，火槍隊緊跟貼近法師及知府身邊護衛。

蔣知府向大法師分析大槍山的地理狀態說：「大法師欽差、此六張犁隘口的大槍山、近看似乎普通平常，但從後方高山遠觀便可窺得其奧秘之處，其外型酷似一座巨大火槍，更令人訝異的是從瀰濃山上鳥瞰此山丘與口隘秘境，正處於玉帶母河灌頂的西大河灣處、此西大河水灣千百年來不斷地灌頂著蓮花寶座穴及鳳凰皇后穴，與其前方灌頂著瀰濃山的東大河灣、地下水龍脈所連結的太子蛟龍穴，成了西蟠水蛟龍幾千百年來，所造就的靈山龍穴地理奇觀、西蟠龍水最後收尾於旗尾山神龍擺尾的龍爪處。」。

　　大法師說：「此山丘矗立於平原中及母河西大灣溪畔旁、確是個奇特的地理奇觀，初來乍到看似無特殊地穴靈氣，再仔細踏勘觀看方能看出端倪，此丘陵位於路旁是如此突兀的攔路虎、卻能神奇的掩藏鋒芒，此乃威武兇猛的『虎踞龍蟠穴』。」。

　　蔣知府聽完大法師判斷大槍山的地穴、乃是極難破敗的虎踞龍蟠穴、臉上露出為難愁容的蔣知府擔憂地說：「大法師的分析、讓下官如同醍醐灌頂般的醒悟，口隘秘境已有　觀世音菩薩神游於此多年，等待著『蓮花寶座穴』的天時年格到來，口隘就會有善男信女合力興建大廟寺、供奉　觀世音菩薩在此普渡眾生，而此矗立在六張犁隘口、蟠水蛟龍旁虎視眈眈的大槍山，應是　觀世音菩薩的坐騎　『虎爺公』盤踞於此守護著口隘秘境、蓮花寶座穴及鳳凰皇后穴。」。

　　王大人問：「欽差尊駕、知府大人、若是依此狀況來分析，

隨著灰狼部落從羅漢門遷徙來的　七寸白玉觀音菩薩，已在口隘秘境的蓮花寶座穴雲遊多年，可否依照桌山七星墜地斗杓穴的方式，將　七寸觀音菩薩守護的口隘秘境的蓮花寶座穴列管為寺廟用地，禁止作為百姓私人居住或風水用地，就不用冒險破敗寶穴了。」。

蔣知府回說：「王大人所言之理雖可通達，但二地的開發狀況差異極大，百年前就有漢人進入桌山下開墾，如今的耕田已是連阡累陌，只要有漢人聚集之處，遲早會有信徒至桌山上興建廟寺作為信仰中心，而口隘秘境目前尚為蠻荒列管禁地，唉！得等到何年何月才有漢人聚集於此，又得等到何時才有信徒肯出錢出力蓋寺廟，若將其列為寺廟用地、卻無法派兵長期管理而被非法利用出了意外，除了吾等會被懲治懈怠皇命詔令，朝廷還是會再派他人替代破敗此地寶穴，本府曾細想鳳凰皇后穴注定會被破敗，怕是　觀世音菩薩早已料定了吧！」。

蔣知府與王大人聊天時，大法師與護法已研議好應對之策，大法師對著蔣、王二位大人說：「聽完二位大人的分析，本座已能完全確定　觀世音菩薩的坐騎　虎爺公盤踞於此山丘，吾等小輩斷不能觸犯　大悲菩薩的座騎　虎爺公之神威，故若無法正面衝突將其破敗，則僅能以『移形換位』之法術偷天換日，將大槍山的煞氣轉向口隘秘境的鳳凰蓮花穴，以此大槍殺氣熗煞百穴龍母皇后之穴氣。」。

大法師囑咐蔣知府及王知縣於法術施作完後，該如何將大槍

山的槍口山形由外改造成爲向內，三人繞著大槍山比手畫腳溝通完後，便由王知縣立卽帶領三十多名縣役丁夫在旁等候，大法師及二位護法於祭壇前、開始施作迷魂大法，將大槍山的守護神靈及周遭鬼神迷惑之後，蔣知府、王知縣兩人兵分二路，蔣知府帶領官差由近而遠定點放置生雞蛋及半生熟的魚肉，企圖引誘 虎爺公沿路享用雞蛋及魚肉而遠離，王知縣率領丁夫將大槍山改形換成槍口向口隘秘境，爾後護法拿出一個長木匣錦盒，將盒內的一對降龍木劍（桃木劍），取出一支降龍母劍遞給大法師，讓他開始施作移形換位之術後深埋於此，以木劍剋制九紫中宮土星的大槍山，永久無法再迴轉槍口向外。

蔣知府帶領官差放置生雞蛋至遠處後、返回六張犁駐防處時，官差向他稟報說返回途中，有看到大野貓在吃生雞蛋及魚肉，蔣知府聽完非常訝異地問道：「貓兒吃雞蛋？你們眞的有看仔細嗎？本府很好奇大山貓要如何吃生雞蛋。」。

官差比手畫腳地說：「知府大人、我們看的非常淸楚，眞的是有二隻大山貓在吃生雞蛋，身上有豹紋的黑斑點及長而粗的尾巴，牠們將蛋咬破再舔食或咬破洞吸食。」。

王知縣說：「大野貓應是山上的狸貓（石虎），屬於一種小型山虎。」。

蔣知府說：「若是王大人的判斷正確，這二隻大野貓是山上的狸貓山虎，那就極有可能是 觀世音菩薩坐騎 虎爺公附駕於山

虎身上、沿路食用生雞蛋及魚肉美食。」。

大法師笑著說：「是啊！幸好 虎爺公遠離大槍山去吃生雞蛋魚肉，否則本座的迷魂大法，是迷惑不了 虎爺公的神威，而移形換位之法術也無法進行了。」。

大法師的話才一說完，遠方就吹來一陣怪風，風中夾雜著一股生雞蛋的腥味，原來是享用完生雞蛋美食的 虎爺公回來了，當祂回駕大槍山巡視時才突然發現，才沒多久的功夫……竟然於神不知、鬼不覺中，大槍山已被改造成槍口向內的惡煞，氣得 虎爺公對著大法師及蔣知府等人怒吼了許久，在無可奈何之下才泱泱然的離去。

蕃薯寮的六張犁隘口之大槍山，經由千百年的宇宙洪荒所造就，一座孤獨山丘矗立於玉帶母河西大河灣旁，守護著進入北方大圓潭的隘口，原為口隘秘境鳳凰皇后穴的攔路虎護衛山，如今卻被大法師的移形換位之術，就此反轉成槍口向自家門口的惡煞山。

大槍山制煞 土地公、平埔族 太祖元帥（見p214附檔圖07）

# 第十六章
# 口隘秘境尋龍脈

　　有一位受雇於臺灣縣衙官差的平埔族人，他向王縣令稟報口隘秘境之動靜，自從上次官兵闖入口隘巡查踏勘地理，爾後灰狼達卡羅帶領族人出外狩獵，會讓他兒子小頭目達里關留守坐鎮，當達里關獲知縣衙的繇役丁夫，正在大槍山進行改造工程，怒火中燒的欲帶領族人攻擊官兵，幸經其母親大頭目夫人阿蓮伊再三阻擋，須等其父親達卡羅回來再做打算，他才沒有輕舉妄動。

　　王縣令聽完此會報、緊張的對蔣知府說：「知府大人、經平埔族差役的回報，灰狼部落獲知官軍前來六張犁駐紮，對大槍山施法破敗地理之行為，已有了偷襲攻擊的報復衝動，今晚吾等需有備戰的防禦的準備，而今日已由大法師施作移形換位之術，皇后穴已然受到大槍山的沖煞，是否就此破敗，下官想請教大人的是、可否回師府城而避開衝突？」。

　　蔣知府皺著眉回答：「王大人呀！本府深知你的憂慮，吾也有同樣的顧慮、期盼至此圓滿回師府城，但……只怕事與願違，百穴龍母的皇后寶穴豈能如此脆弱呀？」。

　　大法師說：「蔣知府分析得鞭辟入裡，光靠大槍山的沖煞並無法破敗皇后穴，若無法至鳳凰蓮花穴現場施法，還需深入口隘北方，尋找二條大圓潭臍帶水源地施法、配合母河東大灣的灟濃

山倒插竹，合力攻破西大灣龍母皇后穴氣。」。

蔣知府說：「如欽差大法師前日所言，吾等身揹皇命敗壞地理，如今真正已步入前有狼、後有虎之處境，往前走可能與灰狼部落起衝突，但尚有一線生機，若是不進而退縮，落得抗聖旨不遵則必死無疑，故唯一途徑只能進而不退。」。

王知縣說：「知府大人、既然與灰狼的衝突無法避免，下官提議先禮後兵。」。

蔣知府著急地問道：「先禮後兵？此計好像不錯、王大人快說來聽聽吧！」。

臺灣知縣王縣令遣手下拿來筆墨及知府官印，對著蔣知府及大法師說：「欽差大法師、知府大人容稟，前行於瀰濃及旗尾山敗地理，均以較低調方式處理，而今沿路既以大張旗鼓之勢前來紮營，為了尊重 觀世音菩薩神遊於此地，也為了避免與灰狼部落正面衝突，因而不至口隘當地施作法術，其他地區則無需再多做閃避，下官的想法是，以臺灣知府諭令行文至灰狼部落，宣告大清皇帝聖旨，在鳳山縣轄區之羅漢門、瀰濃、蕃薯寮境內施法斬斷龍脈，杜絕如朱一貴於府城稱帝之叛亂再發生，皇命欽差及臺灣知府率軍所到之處，閒雜人等均須迴避，若有反抗或侵擾欽差執行聖旨諭令，視同抗旨造反論處。」。

蔣知府笑回：「妙哉呀！灰狼達卡羅讀了此諭令，應不敢再

作亂造次了吧！」。

　　王知縣所派遣的平埔族人使者，來到口隘秘境的警哨崗遞送官府行文，經由通報後、一位灰狼部落的長老前來接受官府諭令，使者遞給文書並宣達蔣知府口諭：「大清乾隆皇帝詔令欽差法師、來臺隨同臺灣知府蔣大人至此地斬斷龍脈，杜絕有心人士以龍脈為由，效法朱一貴起兵造反，蔣知府體恤地方民情，雖探知口隘秘境有蓮花寶穴，但部落裡已有祀奉　觀世音菩薩在此坐鎮，且灰狼部落居住於此多年雖未歸順清朝，但不曾與地方官府作對尚屬良民，故不會至部落裡敗地理，若於外地遇見欽差官兵需迴避不得侵擾，否則以抗旨造反論罪。」。

　　灰狼部落長老接過了文書，急忙走向灰狼達卡羅的住處（口隘埤仔底）大廳房，灰狼聽完蔣知府口諭，也閱讀了官府文書後，將文書遞給坐在旁邊的長老們說：「哈哈！堂堂一個臺灣知府大人連同欽差及縣老爺、竟然搬出皇帝老兒來壓我，幸好沒來口隘敗我蓮花寶穴，否則管你什麼天王老子，我率領族人照打不誤。」。

　　長老們擔憂地說：「大頭目、這知府諭令可是暗藏玄機喔！此文乃先禮後兵！不來口隘部落裡施法敗地理：乃是先禮，改造大槍山沖煞口隘蓮花寶穴、不知欲往何處再施作法術衝殺本境地穴、皆不得侵擾否則以抗旨造反論罪：乃是後兵。」。

　　達里關在門外聽到了父親與長老們的對話、氣呼呼地快步走

至灰狼的座位前說：「這群狗官們實在太可惡了，上次達莉敏沒下馬致意，就藉機闖入部落裡勘查及繪製地圖，如今更得寸進尺想來口隘秘境敗地理，自以為帶著火槍隊就能為所欲為，老伊雷比（父親平埔語）讓我帶領部落火槍隊及神箭隊，趁今夜官兵到此立足未穩偷襲軍營，定讓他們嚇得落荒而逃，以後再也不敢來此地胡作非為。」。

二位長老聽完少年小頭目的氣話、立刻起身也走近灰狼座前試圖阻擋地說：「大頭目請勿魯莽行事、若偷襲官軍而造成仇恨，恐會招來部落的大災難。」。

達卡羅望著屋外潭水面上盛開的蓮花出神，他沒有理會長老與達里關的爭論，只是一直點著菸吞咽吐霧、細細啜飲著夫人端來的茉莉花茶，心中盤算許久後吐出一股濃煙，想要說出的話又吞了回去，爭論完的長老及達里關望著灰狼等候裁決。

# 第十七章
# 天樞貪狼北魁星

　　面對蔣知府搬出乾隆皇帝聖旨壓境，讓驍勇善戰的灰狼懊惱不已，極不情願地說：「達里關說的沒錯，的確該教訓教訓這些官老爺，但長老們也言之在理呀！若是回憶起四十多年前的孩童年代、清朝的貪官污吏如豺狼般橫行，羅漢門的部落祖先皆響應朱一貴起義反清，當時部落的勇士皆是同仇敵愾而慷慨激昂，但最後的代價是男人死傷殆盡，還有被清朝官軍多年清剿追殺流離顛沛，後來才會遁逃至口隘秘境，若依現今部落的戰鬥實力雖能剿滅官軍他們，但往後會有更多的火槍隊及大砲來襲，甚至會將灰狼部落滅絕，達里關出生於太平年代的口隘秘境，不知道戰爭的可怕及悲慘情況，我警告你不可輕舉妄動、只可在遠處監視他們，將任何狀況回報於我。」。

　　蔣知府等人到了下午已近黃昏時刻，為了安全顧慮躲入營帳開會、他問王大人說：「大法師所說的二條臍帶水源，王大人可知位於何處？到達該處有困難嗎？」。

　　王大人回：「據平埔族差役的描述，此二條臍帶水發源於尾隘北方轉向東的「南仔仙溪」，來到約莫於中隘便一分為二，西邊水流往西圓潭再流入羅漢門山溪，東邊水流往東圓潭、口隘秘境再流入母河，下官有繪製地形圖應可找到。」。

楠仔仙蟠龍七星：歷史典故

營帳會議中的蔣知府分析著說：「大法師尊駕所囑咐的三塊黑膽石墓碑、臺灣土生土長的五毒各七對公母毒蛇，本府已派遣府衙差役、務必於明日送達至六張犁駐防處，故而明日吾等兵分二路，大法師及護法留在營帳本處、籌備符咒墓碑及五毒蛇等施法器具，而本府隨著王縣令前往尋找，確定臍帶水源往後的施法地點。」。

蔣知府及欽差官兵在營帳中、渡過了個戰戰兢兢之夜晚，次日拂曉時分、天色將明之際，林野中的禽鳥已在爭相啼鳴，負責欽差法師及知府大人安危的王縣令，為了夜晚的警戒及隔日踏勘的探索行程，憂心忡忡而致整夜輾轉難眠，王知縣於清晨醒來時、揉著惺忪的雙眼、伸了個懶腰喃喃自語道：「真是個難熬的夜晚。」。

眾人簡單梳洗修整後，王縣令吆喝官兵及火槍隊須沿路戒備，依照欽差及蔣知府的指示，帶隊進入口隘（圓富里頭前庄）、中隘（中正里中庄）、尾隘（大林里尾庄），尋找玉帶母河的二條臍帶水源頭。

灰狼大頭目的兒子達里關、萬般無奈地遵從父親的指示，帶領著部落神箭隊族人與官軍部隊保持距離、亦步亦趨地隨後跟蹤監視著他們，正當知府官軍行至中隘（圓潭國小）附近時，突然聽見獵犬群的吠叫聲，料想不到、竟遇見了灰狼帶領狩獵隊的土狗獵犬、正在追逐著一群梅花鹿，隨之而來的是震攝魂魄、轟轟作響的銅鈴聲、直襲蔣知府的官軍隊伍而來，王縣令警覺地大喊

天樞貪狼北魁星　第十七章

了一聲：火槍隊戒備護駕……

　　聽了會令人生畏的噹噹銅鈴聲中、灰狼大頭目騎著一匹烏黑的烏雛馬，率領著狩獵隊及火槍隊族人、如同天降神兵般、氣勢磅礴的出現在蔣知府官軍的眼前，就在雙方的火槍隊及弓箭隊對峙了許久之後，達里關也帶領著部落神箭隊緩緩地靠近了官軍，此時的知府官軍及灰狼部落族人都屏住氣息呼吸，緊張的氣氛似乎凝住了當地時空，眾人目不轉睛地望著灰狼大頭目的任何動作，只見他姿態優雅地從烏雛馬身旁抽出了長槍，朝著官軍的上空鳴槍後才笑著揚長而去，達里關也因而率領族人消失在密林中……

　　蔣知府及王知縣從許久的驚愕中醒來，互相注視著對方滿臉的汗水、蔣知府說：「王大人、灰狼果然如你轉述傳說中的威勇神武，幸好他識大體不與官府作對，否則吾等小命休矣！如今看來此行已無危險性了，但還是得儘快進行。」。

　　驚魂未定的王縣令回：「知府大人！下官亦是從縣衙官差口中得知灰狼的神武，今日的遭遇還真是令人感到膽戰心驚，請隨下官儘速前往南仔仙境之臍帶水源頭吧！」。

　　在官府差役平埔族人的引導下，於中午時刻來到了尾隘，王大人指向母河對岸說：「知府大人，玉帶母河對岸之平原為南仔仙番（Namasia阿里山鄒族），沿著山溪遊獵而下之狩獵區，乾隆年間瀰濃區域的粵籍漢人攀越瀰濃山（月光山），在此

稱呼爲『南仔仙』的地帶居住開墾耕作了許多年，玉帶母河流經此地再流至六張犁，沿著此玉帶母河區域，此地居民稱呼玉帶母河爲『南仔仙溪』（日治時代記載爲楠仔仙溪），臍帶水源就是由尾隘（大林里月眉橋旁）的此處流向中隘地帶，再由一分爲二條支流、分流至西圓潭及口隘秘境，最後匯合於大槍山旁口隘溪流。」。

蔣知府走下溪畔遠眺、望著南仔仙溪的上游出神許久、激動過後才對王大人說：「南仔仙溪！原來白玉神龍的西蟠水蛟龍、有著如此幽美的仙名呀！上游向西南河道撞擊尾隘山巒，轉折向南方的瀰濃山，撞擊後又轉折向西南方的口隘秘境及大槍山，撞擊後再左轉折向南行至旗尾山收尾，故上游大河灣撞擊轉折處必有龍脈寶穴，白玉神龍鬚所幻化成的西蟠水蛟龍，到了南仔仙曲折迴旋造就多處地穴，觀其溪流河灣形，乃南仔仙溪藉天地玄黃擺下的『蟠龍七星陣』。」。

北斗七星天樞宮貪狼星穴（見p215附檔圖08）

# 第十八章
# 七星蛇塔破天機

官軍部隊眾人望著蔣知府忽而左顧右盼、忽而低頭不發一語的思索許久、擔心耽誤踏勘行程致發生突發狀況、王知縣急得滿身大汗催促蔣知府大人說：「知府大人、此刻下午未時已近申時，若再停滯不前、只怕就要近黃昏了，下官擔心少年小頭目達里關，虎視眈眈地監視跟蹤，總覺得天色越晚越危險。」。

蔣知府說：「王大人、今早遇見灰狼大頭目時，沒下令部落族人攻擊官軍，就表示他不敢違抗聖旨，也深知若是攻擊欽差知府官軍，將遭遇部落族群被殲滅之命運，不用過度於緊張，既來之則安之，謹慎地把踏勘地理的任務完成。」。

蔣知府撫著長鬚笑著說：「王大人、本府與大法師經由多日的探討研究，總覺得百穴龍母皇后穴的龍脈地理，應不只單靠蟠水蛟龍的灌頂造化，太極四象神獸護衛、五行金生水生木生火生土生金之生養供給，前些日子於瀰濃山上施作倒插竹法術時，鳥瞰南仔仙溪蛟龍之曲折迴旋後，大膽假設其水流彎繞曲折類似北斗七星之斗杓形狀，再將口隘母儀天下的鳳凰皇后穴、對應上北斗七星尾指二十四節氣的『瑤光破軍星』，再則於南仔仙溪畔遠眺其上游時，發現大河灣撞擊尾隘山巒必有龍脈穴位，而此西兌白虎群峰的西南方，對上了羅漢門紫竹寺七星洋及桌山的七星石，遂漸漸確定北斗七星之假設，而此地寶穴即是『天樞貪狼星

108

楠仔仙蟠龍七星：歷史典故

穴』，乃七星斗杓之首顆星，由此證實了……百穴龍母皇后穴暗藏之龍脈玄機。」。

王大人緊盯著四週圍動靜、稍有風吹草動便東張西望，蔣知府望著他分析地說：「大法師與本府的假設若真成立，方能讓二位欽差護法於七星斗杓的天機祿存星穴施作七星五毒蛇塔、天權文曲星穴施法三座邪咒墓碑、破敗蟠龍七星陣而攻破皇后穴，現今既已確定二條臍帶水源頭就在此處，再順著分岔後的水路尋找應可找到這二個星穴，吾等官軍隊伍須沿著來此地的舊路返回，王大人你須派遣平埔族差役組成搜索隊，沿著臍帶水源頭南下至發現分岔水路處時，隨即以信號火箭告知，再派員穿越阻隔的密林到舊路，引導本府前往該處踏勘。」。

王知縣派遣好溯溪南下的搜查隊伍，囑咐交代若發現水源分岔點、便立即以信號火箭通知，讓官軍隊伍得知而停下來等待搜查隊員引導，諸事就緒後、官軍隨即出發返回原路的踏勘行程，官府的隊伍尚未到達中隘時，舊路不遠處就聽到搜查隊的第一顆信號火箭，知府官軍停駐等待溯溪隊員前來帶領，爾後官軍眾人被引導穿越樹林、往東邊的臍帶水源分岔處（大林里埔姜林），蔣知府領著官差於四週圍仔細來回踏勘後說：「本府覺得此臍帶水源彎繞處的附近、應該有一處龍脈地穴，乃斗魁的第二顆星『天璇巨門星穴』，雖不是法師施作法術的位置，但可作為測量距離用途。」。

蔣知府命平埔族人差役再組立成二個小隊，以長竹竿作為測

量工具，一隊從此地出發返回尾隘已留下簡易記號處測量，計算北極天樞貪狼星穴概略踏勘之位置的距離，另一隊則跟著官軍返回舊路測量天璇星穴與天機星穴的距離，而王大人則是命令原有溯溪的搜查隊伍，繼續尋找下一個臍帶水源的分岔處，官軍隊伍出發後剛經過了中隘，就聽到第二顆信號火箭，知府官軍再度停駐下來等待，溯溪的隊員出現於密林前，指著前方圳溝小橋即為分岔水流向西南處，當王大人命溯溪隊員帶領前往西邊分岔地點時，蔣知府令王大人讓部隊暫停腳步，他時而左顧右盼、時而撫著長鬚許久……思索許久後說：「剛已初步確認出第二顆天璇星位置，待測量出第一顆天樞星的距離，本府就可計算出第三顆天機星的位置，若順著水源分岔向西南的圳溝應就可找到。」。

王大人問：「知府大人、溯溪搜索隊員還需繼續尋找分岔點或彎折處嗎？」。

蔣知府回答說：「通知他們回來，找到第三顆天機星時，再派遣往第四顆星處。」。

知府官軍來到了圳溝大灣處（下堤仔軍區），蔣知府示意王大人令隊伍停下說：「王大人你看、此地域乃西南臍帶水源較大彎繞處，應有龍脈寶穴暗藏於此，若以天樞星及天璇星的距離來計算，此處便是七星斗杓之第三顆星『天機祿存星穴』，大法師要施作七星五毒蛇塔破天機的地點就在此處，若以北斗七星圖形排序而論，第七顆斗杓柄尾的瑤光星，鳳凰皇后穴就在此圳溝的下游處，派遣搜索隊順此水路往南測量至皇后穴距離，就能確實

測量出天璣星穴位置。」。

王大人點頭如搗蒜地笑著回答：「知府大人、看來今日吾等的踏勘行程已有了初步的成果。」。

台灣知縣王大人率員在天璣祿存星穴附近整理環境，將臍帶水圳溝旁的樹木及野草清除乾淨，又派遣另一組人往北邊方向清除障礙物直至舊道路，讓欽差法師方便以後的進出，而星穴測量人員依照蔣知府的囑咐，出發往北方測量至分岔向西北的圳溝之距離，再派員回來引導官軍前往該處會合踏勘，而蔣知府則在此區域的周遭仔細踏勘確認，他時而低頭喃喃自語、忽而揪著長鬚遠眺，對王大人附耳說：「王大人、遣差役下去挖掘溝底淤泥上來，作為製作泥磚材料、用以建造七星五毒蛇塔，為了防止平埔族人私下暗通灰狼部落，致使泥磚未曬乾便遭到外人破壞，故吾等對外均聲稱為：挖掘圳溝底含有砂石的淤泥上岸，可製成堅固的土牆泥磚、在此處建造防禦生番弓箭的土墩駐防所。往後若七星蛇塔建造完成，大法師施作鬼魅結界及放置數目眾多的五毒蛇，便無人敢靠近此處。」。

王大人回：「大人凡事皆洞燭幽微，令下官佩服得五體投地呀！」。

王大人依照蔣知府的指示，遣人下臍帶水溝底挖掘砂石淤泥，因為隨行只備有鏟鋤挖掘工具，但未準備挑運土石的竹籃及麻袋，只得先行填造挑運便道的斜坡土路，方便於次日將挖掘

的泥沙土石挑運上岸，溝底淤泥挖掘工程施作許久後、測量員已從西北圳溝及口隘秘境返回，向蔣知府稟報兩處測量所得距離數據，及告知分岔後的西北方之圳溝，也已留下了明顯的記號，蔣知府聽完匯報後，計算著測量距離是否合乎北斗七星個星穴之位置間距，王大人望著天色已近黃昏、對著蔣知府說：「知府大人天色已晚，未完成的工作只能明日再繼續了，請打道回六張犁吧！」。

蔣知府回：「本府只顧踏勘北斗七星之確定位置，不知逐漸日暮西山的太陽，景色竟是如此幽美，但如人所言：夕陽無限好、只是近黃昏，是該打道回府了。」。

蔣知府等人回到六張犁官軍營帳處，簡單梳洗及用餐後，眾人挑燈夜戰互相彙報工作進度，薩滿護法師向王大人埋怨說道，運輸五毒各七對公母毒蛇（註八）的過程中，因為沿路顛簸、再加上官兵差役不夠謹慎、讓五毒蛇於籠中衝撞死了四條，另外還有三條毒蛇、奄奄一息已接近死亡，七星五毒蛇塔的每個塔位、五種毒蛇的公母若缺了其一，則無法產出蛇卵而喪失其法術效用，急需派遣差役儘快從台南府城運來補缺。

蔣知府待得二位護法埋怨完後、從衣懷中拿出令牌遞給王大人說：「王大人、你派遣官差持著本府令牌，回府城傳達本府的諭令，於街道市集不計代價費用，購得欽差護法指定的五種公母毒蛇，連同在六張犁駐軍所欠缺的生活用品，備齊後迅速送至此地官軍營帳中、此為軍令、不得有誤！」。

王大人俯首拱手回話：「知府大人、下官得令，派遣官差連夜趕回府城辦理。」。

王大人接令後離席出帳外，清查所欠缺的生活用品及調度官差回府城，大法師說：「二位護法應隨從官差回府城，審核所購得的毒蛇存活狀況，回程六張犁途中也好照應，防止顛簸造成冬眠蛇因驚嚇衝撞而亡，去準備行李跟隨出發吧。」。

二位護法接令後、離席回自己的營帳準備出發，帳營中的大法師對著蔣知府說：「知府大人返回官軍營帳時，看似若有所思、且一直低頭私語，本座若沒看錯的話，今日北斗七星的踏勘行程，蔣知府應有許多收穫吧！」。

蔣知府笑回：「什麼事都難逃出大法師的法眼，今日確實是收穫良多，概略覺得斗杓的前三顆星，證實了北斗七星的存在性，明日引領大法師前往確認。」。

蔣知府將今日踏勘所繪製的簡易地圖，在大法師眼前攤開後，指著道路中途說：「今日官軍隊伍行至半途時，遭遇上了灰狼帶領狩獵隊追趕獵物，因而雙方以弓箭、火槍對峙了許久，幸好灰狼未率部落族人與官軍正面衝突，否則本府可能早已命喪此地，故而於午時方能順利抵達尾�ㄌㄨㄛ的溪畔，王大人講解玉帶母河流經對岸的南仔仙，因而得名為南仔仙溪，經由溪畔遠眺上游、西南河流撞擊山巒，再轉向南方撞擊瀰濃山，由此初步確定吾等於瀰濃山上鳥瞰，假設蟠水蛟龍造化北斗七星穴，遂尋覓天樞貪

狼星穴的概略位置，待踏勘覓得了第二顆天璇星後，派員以竹竿測量距離，以此長度計算再踏勘覓得第三顆天機星、再循破軍化祿順流測量至口隘皇后穴的瑤光星穴。」。

　　王大人清點日用品及調派官差完備後，進入會議營帳繼續與蔣知府二人開會，大法師說：「知府大人、既然天機祿存星穴已尋獲，另一個施作邪咒墓碑的破敗地點，則應位於西方斜對面的小山坡上，即斗杓的第四顆星『天權文曲星穴』，因護法的五毒蛇尚未齊全，蛇塔也需耗費約三日來建造，故應先從邪咒墓碑去著手。」。

　　蔣知府擔憂地回話：「大法師分析得有理，灰狼雖暫時不敢違抗聖旨而與官府作對，但唯恐夜長夢多突發變數，應先行處理邪咒墓碑事宜方為上策，明日官軍抵達天機星穴時兵分二路，王大人將人員分成二組，其一為七星蛇塔之泥磚的製作，其二為由東邊的天機星穴、至西邊的天權星穴，需沿路清除樹木野草，整理出一條方便進出之通道，而本府帶領大法師前往尾隘南仔仙交界，再次確認北斗七星之首天樞貪狼星、天璇巨門星，方能真正確認天機星及天權星之位置。」。

北斗七星天璇宮巨門星穴（見p216附檔圖09）

楠仔仙蟠龍七星：歷史典故

## 魔咒墓碑鎖文曲

　　卯時黎明將近時刻，王大人已忙得不可開支，備齊了挖掘及挑運泥砂的工具，調派完二組護衛官差、及二組工程的縣役丁夫，眾人出發到了天璣星穴時就兵分二路，王大人指揮縣役挖掘圳溝底砂泥，挑運上岸後讓丁夫置入木盒製作泥磚，而蔣知府與大法師暫以簡易地形圖，概略指出山坡上的第四顆天權星穴（三貢山墳場），以此位置命官差指揮清除聯通道路，諸事安排就緒後，蔣知府與大法師在官軍護衛下，前往南仔仙踏勘確認斗魁之首的北極星，午時抵達尾隘南仔仙溪的溪畔，觀察後上岸往北踏勘溪流河道衝撞山巒處，二人熱烈討論地理堪輿學後，確認了天樞貪狼北極星穴的位置（尾庄頭北邊田單軍營），遣人在此等待天璇星信號火箭的方向測量。

　　蔣知府等人返回舊道路往回程方向出發，到了昨日發現天璇星所留下的記號，遣員發出信號火箭，讓留置天樞貪狼星的人員往此地測量距離，大法師與蔣知府也開始踏勘尋覓天璇星穴，經由二人於周遭來回仔細研究，最後於圳溝繞彎處的西側的舊路旁，發現了斗魁第二顆天璇星穴確定位置（埔姜林嵩山軍營），遣二員於此地等候測量人員抵達後，協助繼續測量至斗魁第三顆天璣星穴處，大法師對蔣知府說：「知府大人，若能有天樞星至天璇星的距離長度，則能以此長度及角度，加上天璣及瑤光二星概略距離輔助計算出天璣星穴準確的穴眼位置，再而推算出斗魁

與斗杓的連接星，即第四顆天權星穴的穴眼位置，方能讓本座施法魔咒墓碑，破敗位於瑤光星的皇后穴。」。

蔣知府思慮點著頭回答說：「若依目前的進度，今日應能順利找出天璣星、天權星的穴眼。」。

王大人指揮縣役丁夫製作泥磚，忙了一上午已有了成果，蔣知府等人回到天璣星穴時，完成的泥磚已超過了半數，大法師領著他二人講解建造七個蛇塔之過程，將依北斗七星的形狀位置擺設，每個蛇塔高約六尺、長寬約五尺的六角方形，設置有六個隔間，每面留有毒蛇進出之蛇孔，待其建造完成後，利用蛇類進入立冬時令後已漸入冬眠狀態，將五種公母毒蛇各自放入塔內隔間，再投入大量食物於公共空間，供其食用後冬眠渡過寒冬，待驚蟄季令甦醒後，經由一段時間的適應環境，成年毒蛇配對後，母蛇會以蛇塔爲窩陸續產出蛇卵，完成本座護法的「五毒萬蛇陣」。

五毒萬蛇陣已被薩滿神教禁用多年，蔣知府對此上古邪術感到非常疑惑地問道：「此陣法已被薩滿神教禁用近百年，若再度使用、恐會毀了大法師的聲譽。」。

大法師笑回：「哈哈！感謝蔣知府的關懷，京城朝官常說的一句話：伴君如伴虎；爲了完成皇命詔令，啟用上古邪術實屬無奈呀！若能避免爭奪皇權之戰禍再起，拯救萬千生靈免於塗炭，豈非功德一件乎？幽冥破曉只一線之隔啊。」。

蔣知府頗點著說：「大法師尊駕說的是呀！您的妙語如珠、意味深遠雋永，吾等奉旨破敗南仔仙境龍脈星穴之是非功過？就留待後人紀載的野史軼聞去評判吧！」。

官差附耳稟報王大人，測量人員已抵達此處，王大人遂打斷蔣知府二人的談話說：「欽差大法師、知府大人、測量人員已抵達，也已呈報天樞星至天璇星的距離，而天璇星至天璣星的概略距離也已測出，下官手上的數據即是測量成果。」。

蔣知府急忙地接手王大人的各星穴測量數據，隨即與大法師以距離數據及角度不斷的研擬，再於天璣星穴週遭來回仔細踏勘，經由大法師及蔣知府二人反覆計算、再加上與瑤光星距離交互詳細推論後、方能確認天璣祿存星穴的穴眼準確位置。

二位護法隨後令官差拿出一個長木匣錦盒，將盒內的降龍桃木公劍遞給了大法師，他將桃木劍插入穴眼(木剋土)、嚴肅地對著蔣知府說：「知府大人、此降龍桃木劍可鎮住九紫中宮土星，七星蛇塔以此天璣穴眼為中心點，擺設出五毒萬蛇陣的七個蛇塔，每個蛇塔以卵石黏土為基座，力求牢固但仍需留孔隙方便毒蛇進出，上方再砌泥磚，塔頂鋪上竹管茅草遮陽避雨。」。

大法師交代完蛇塔建造的方式後，隨即口中唸唸有詞及開始步「伏御地祇罡」、踏「魁杓七星斗」，將七星五毒蛇塔的七個位置各自跥腳點出，王大人帶領官差緊緊跟隨在大法師後面留下記號，七行蛇塔位置欽點完事後、蔣知府對著王大人說：「王

大人遣繇役下圳溝底挖掘卵石，挑運上岸讓丁夫砌造七星蛇塔基座。」。

王大人回：「知府大人、製作泥磚的泥砂已足夠，卽可令繇役改爲挑運卵石上岸砌造基座，只是下官認爲泥磚若經風吹雨打，恐怕無法持久便會崩塌。」。

大法師說：「王大人、插著降龍木劍的天璣星之基座、須待本座與護法施作法術時，拔出桃木劍後才可施作，蛇塔約四尺高的卵石基座力求堅固，上方的泥磚茅屋、只是短暫提供給毒蛇進食過冬，到了明年的大雨颱風季節來臨時，毒蛇早已適應了此地林野環境，泥磚茅屋若已坍塌，毒蛇群便會將蛇窩轉至基座的石縫裡面，故建造基座時須預留空間供其產卵。」。

大法師囑咐王大人如何建造蛇塔後，便隨著蔣知府前往天權星穴方向踏勘，官軍抵達穴位概略角度及距離後，便開始仔細踏勘天權星穴眼的準確位置，當二人再三推敲文曲星穴之地理堪輿時，突然一陣寒風襲來、令衆人直打哆嗦，只見大法師向隨行官差示意，令其拿出一支貼著符咒的桃木樁，釘入他所指點的位置而說：「知府大人、依本座的判斷，天權文曲星的穴眼就在桃木樁釘入的位置。」。

蔣知府問：「天權文曲星乃北斗七星中最爲黯淡隱密，大法師何以判定呀？」。

大法師回：「蔣知府言之有理，但本座於天璣星穴所插入的降龍木劍，已將其鎮壓住而暫時斷絕二星之連結，故方才吹襲而來的寒風，即爲其洩露之氣。」。

聽完大法師的分析後、蔣知府急忙派遣官差以泥土及草木覆蓋著桃木樁，避免被野獸或人爲的破壞，覆蓋完成後再留下簡單的暗號，利於明日施作魔咒墓碑時方便於辨識及尋找，眾人於天權星穴完事後、便即刻返回到天璣星穴處，與王大人共同指揮七星蛇塔基座的建造，直至申末酉初時已近黃昏才返回六張犁駐防處。

夜裡營帳中的大法師與蔣知府、正熱烈地討論隔日的有關事項時，持令回台南府城補充五毒蛇的護法及官差已完成使命、返回六張犁將物品呈交給王縣令點收。

次日凌晨、王大人命官差以馬車載運三塊黑魔咒墓碑，文工尺寸扣除基腳皆爲死絕離別：「寬度二尺七寸七（死絕）、高度四尺零五（死絕）、厚度八寸一（死別）」，而墓碑上刻著薩滿文的黑魔符咒，令王大人及官差們不寒而慄。

隊伍到了天璣星及天權星的分岔路時、兵分二路，王大人帶領二位護法前往天璣星穴眼，蔣知府及大法師則是指揮符咒碑石馬車前往天權星穴處，王大人帶領二位護法抵達天璣星穴後，在穴眼處的木劍旁，施法釘入符咒桃木樁，朝天璇星方向一尺五寸（死絕）距離，再釘入一支符咒桃木樁，朝天權星方向一尺五寸

的距離、又再釘入桃木樁，完事後方拔起穴眼的降龍桃木劍。

二位護法就地監看完七星蛇塔的基座建造，就由王大人帶領、官兵護衛至天權星穴處協助大法師，當他們到達該處時、三座魔咒墓碑的基礎坑石已完成，蔣知府便率領眾人於香案前祭拜天地後，大法師及二位護法就開始施作邪咒法術，完事後將降龍桃木公劍深插入天權文曲星穴眼，以降龍木劍剋制九紫中宮文曲土星。

降龍桃木公劍插入地的剎那之間、天空中烏雲密布天色昏暗，周遭的山坡也傳來鬼哭犬嚎的淒厲聲……。

因爲插入降龍木劍後天色頓時昏暗，官差點起了多支火把照亮，讓緣役丁夫將三座墓碑施作固定工程，依大法師的指示架設完成、再以石塊及石灰黏著固定墓碑基腳，爾後回填泥土砂石再加以夯實堅固，三個墓碑依序完成後，蔣知府命官差恢復周遭綠草植披及雜樹後，遂收拾工具及祭壇行當往天璣星穴處，沿路大法師說：「三座魔咒墓碑與瀰濃山的三支倒插竹，遙遙相對相望而連成一氣，再與大槍山之煞氣成三角循環，經年累月不斷侵襲破敗百穴龍母皇后穴，此片山坡爲天權文曲星的龍脈寶地，因特性爲黯淡無光而隱密不易發現，若被破敗後，當地居民會易於發現此風水墓地，文曲龍脈寶氣逐漸成了亂葬崗的玄冥殯喪而破敗地穴。」。

蔣知府等人來到天璣星穴時，七星蛇塔的基座已大致完成，

王大人回報說：「知府大人、蛇塔的基座下午就能完工，明日基座上的泥磚茅屋亦可完成。」。

蔣知府說：「王大人辛苦了！明日若能將蛇塔建造完成，後日即可供護法施作五毒萬蛇陣，破敗皇后穴的任務，就此大功告成也、吾等便可打道回府了。」。

七星蛇塔於次日下午完成後，王大人令人先將塔孔暫時封閉，施法放入毒蛇後才把捕捉的蛙類、昆蟲、蚯蚓等食物投入塔內，最後再依序逐一檢查無誤後，方率隊返回官軍營帳。

破敗蓮花寶座穴與鳳凰皇后穴行程進入最後一日，二位護法於寅時、天色尚且昏暗便起床探查毒蛇狀況，直至破曉的第一道曙光照射在營帳，方巡查完三十五對五毒蛇安全無誤，蔣知府獲報後，隨即率領官軍前往天璣星穴處，擺設祭壇香案祭拜天地後，大法師開始施作鬼魅結界法術，二位護法則將毒蛇依序放入塔內、遂完成了五毒萬蛇陣。

北斗七星天璣宮祿存星穴（見p217附檔圖10）

# 第二十章
# 楠仔仙蓮潭觀音

　　《晉書·天文志》紀載北斗七星屬性：「天樞貪狼星為天、天璇巨門星為地、天機祿存星為人、天權文曲星為時、玉衡廉貞星為音、開陽武曲星為律、瑤光破軍星為星。」，大法師於天機星穴建造七星蛇塔，施作人界上古邪術之「五毒萬蛇陣」，破敗天玄地黃所造化的「蟠龍七星陣」，另於天權星穴擺下「魔咒墓碑鎖」，符合其玄冥特性遂造成時空錯亂，再連結瀰濃山倒插竹所形成的「顛鸞到鳳法」、及以移形換位法術反轉「大槍山煞氣」，日轉星移持續不斷地……侵蝕著百穴龍母之鳳凰皇后穴。

　　大法師雖已完成乾隆皇之諭令，但深知此邪術反噬的力量極為恐怖，遂告知蔣知府須即刻離開蕃薯寮六張犁，一行人返回台南府城、整理行囊回京覆皇命前、欽差法師憂心地對蔣知府等人說：「感謝蔣知府、王知縣多日來的照應，本座與護法方能順利完成皇命諭令，此行渡海來臺破敗地理，若是以人體皮肉筋骨腑臟受傷而論，羅漢門的馬神穴及將軍穴、瀰濃的太子穴及瀰濃山龍脈之地理破敗，只傷其致皮開肉綻，若干年月後就能痊癒，而蕃薯寮以玄武神劍斬神龍後腳五爪、深埋神劍鎮壓旗尾山，則是斷其筋而傷至脊尾骨，若要復原怕是遙遙無期！本座實不知得等到哪個猴年馬月呀？而最為嚴重傷及五臟六腑的、莫過於口隘秘境百穴龍母的皇后穴了，除了為神靈玄冥界帶來劫難，南仔仙的居民也將面臨瘟疫災難，本座所施作的邪術將禍害百年之久，

直至有神佛願意降臨當地力挽狂瀾，長期安境鎮煞方能消災解厄。」。

蔣知府於府城港口揮別了大法師等人，返回府衙草擬敗地理的奏章，王大人問：「知府大人、若依大法師的說法、破敗地理發生了災禍，該如何應對呀？」。

蔣知府擔憂地回答：「王大人、依本府的判斷，大法師施作的邪術、對當地所造成的災難人禍，需經若干年後方會傳出其瘟疫虛耗，但守護龍脈寶穴的神靈將是首當其衝，當祂們遭遇破敗厄運後，極有可能反噬施作法術者，而大法師及護法已遠離臺灣，退而求其次即是吾等二人，須有心理準備、即將遭受冥界神靈的反撲。」。

王大人緊張拱手作揖請求：「知府大人、懇請教下官如何對應冥界的反噬。」。

蔣知府嚴肅的回道：「王大人也不必過於擔憂，冤有頭、債有主，冥界神靈會先找上本府，但你今後縣衙公務及私事、都得戒慎恐懼，而應對冥界最佳的方法有二：其一為修建廟宇廣結善緣、其二為鋪橋造路多積善德，自會有神靈護佑。」。

王大人經由蔣知府的開導，心中終於得到了慰藉及寄託，決定依照知府的方法消災解厄，也請求蔣知府若有任何善舉行動、務必要遣人通知他參與，藉由修建廟宇及鋪橋造路、消解敗地理

積下的業障莫禍延於子孫、次日來拜會知府的王知縣：「知府大人、大法師談論破敗後的蟠龍北斗七星陣、百穴龍母皇后穴，要恢復其原來的寶穴地靈人傑需百年以上，多年後將會以何種佛法道術回復呀？」。

　　蔣知府回答王知縣的提問前，令廳內的差役至門外防守閒人進入，細聲的對他說：「本府能體會王大人的心思，吾等奉旨協助欽差法師破敗鳳山縣地理後，除了爲當地帶來災難、也爲個人帶來惡果業障，而今於公事上已完成皇上詔令，但私事自食惡果循環才剛要上場，本府剛才說的修建廟宇及鋪橋造路，尙屬於消極之自保方式，暗中破解大法師的邪術，能讓寶穴吉地恢復才是積極之策，他所談及的神佛長期安境鎮煞消災解厄，就暗示著破解邪術的方法之一。」。

　　王知縣聽著蔣知府的分析，好比丈二金剛摸不著頭腦般迷糊，激動又疑惑地問道：「知府大人、愚鈍的下官、實乃聽不懂此番怪異的道理，大法師千里迢迢渡海來臺敗地理，爲了完成皇命、不惜毀壞名譽、施作薩滿神教禁用的邪術，待其千辛萬苦地完成使命後，怎會又暗示如何去破解其佈下的方術呀？這可是抗旨不遵的大罪。」。

　　蔣知府緊張地左顧右盼、連忙以食指堵住自己的嘴、阻止王知縣再繼續往下說：「噓……王大人小聲點啦！本府已跟你說過要暗中破解了呀，大法師跟吾等的處境是一樣的，雖然他遠離在千里之外，但鬼神的力量是無遠弗屆的，冥界衝擊力道會較小而

已，擔心種下的惡果反噬，又怕朝廷怪罪，才會暗示破解邪術之策。」。

王大人問：「喔喔！請原諒下官的失態，知府大人、蠻荒的南仔仙境少有漢人，怕是沒人供奉神佛降臨、安境鎮煞消災解厄，是否還有他法能破解邪術？」。

蔣知府回：「大法師的邪術破解方法有二、已暗示其一的『神佛解厄』，其二的『千軍萬馬』則是明說，因為蠻荒的南仔仙只有平埔族人及生番、而漢人稀少之區域，無信眾興建廟宇宮壇供奉神佛，神佛降臨於此區雖極為困難，但若虔誠祈求上天降福消災，終究還是會有神佛願意領玉皇旨降臨普渡眾生，只是當地無廟宇可供收服精靈鬼怪作為天兵神將，須於外地興建寺廟坐鎮來回穿梭。」。

王知縣疑惑地問道：「知府大人、大法師說的千軍萬馬又是什麼方法呀？」。

蔣知府說：「此法只可以三個字形容……『不可能』，所以大法師才會明說這個破解方法，以千軍萬馬的中軍元帥指揮官，坐鎮蟠龍北斗七星陣的開陽武曲星位置，藉此武曲將帥星之特性（註九），以三軍統帥官威殺陣之氣、鎮煞天權文曲星之魔咒墓碑鎖陣，再於天樞貪狼、天璇巨門、天機祿存等天地人三星位置，長期設立軍營駐紮屯兵於該地，以千軍萬馬的兵力軍威沖煞天機星的七星蛇塔，因為南仔仙境是如此的蠻荒僻壤，又處於交

通運輸不方便的山區，再則是被南仔仙溪及羅漢門溪（溝坪溪）所包圍，進入此區的口隘及尾隘都須搭橋而入，導致進出都極不方便，故而不會有軍隊來此駐紮，就算統治台灣的清朝已改朝換代，也不易改變此現況。」。

聽完蔣知府對開陽雙星的精闢分析，王知縣回憶百年前統治臺灣的鄭氏王朝說：「知府大人、國姓鄭王爺的鄭氏諸葛陳永華軍師，既已發現了青龍孟章的灟濃山寶地，若是越過楠仔仙溪，再發現了楠仔仙百穴龍母皇后穴、亦處於北斗七星斗柄尾的瑤光破軍星穴，其右白虎監兵的開陽雙星，更是個驍勇善戰的三軍統帥之寶穴，將千軍萬馬駐紮於開陽雙星，或許能改寫臺灣的歷史喔！」。

蔣知府笑著回答：「哈哈……王大人推論得好呀！可惜的是有心經營臺灣的陳永華大軍師，被一心只想反清復明的鄭王爺，及呼應吳三桂參加三藩之亂的東寧王鄭經，於閩南沿海地區長達七年的征戰，為鄭氏王朝可說是鞠躬盡瘁，光是籌備鄭軍糧草及訓練補充士兵，已是夠他忙的精疲力盡了，再加上鄭經好聽信兒子親家馮錫範的讒言，致使鄭氏諸葛早已心力交瘁，故已無心四處踏勘好的龍穴寶地了。」。

王知縣離開南仔仙境返回台南後，幾乎每日造訪知府公署，跟著蔣知府四處行善積德，如此這般十多日後、竟突然連續三日未至知府處報到，蔣知府遂遣差役至縣衙探聽得知，王知縣因精神萎靡而臥病在床，蔣知府覺得事出必有因，便私下造訪王知縣

的縣衙居住宅院，當他來到王大人的床前一看、嚇了一身冷汗的說：「王大人、幾日不見如隔三秋呀！你⋯⋯雙眼黑眼圈⋯⋯怎會如此狼狽不堪啊。」。

王知縣勉強撐起了病體，試著下床拱手作揖向蔣知府賠罪、卻被蔣知府阻止而說：「知府大人突然來訪、下官因病臥榻在床、未曾遠迎、請大人勿見怪。」。

蔣知府擔憂關懷的問：「王大人就別再客套了，本府以私人名義造訪縣衙，即是想要避開繁文縟節之禮數，最重要的是⋯⋯王大人你怎會變得如此難堪呀？」。

王知縣虛弱的坐躺在床頭上，命府內奴婢沏茶端給蔣知府後，他才悠悠地述說：「前幾日在知府公署拜別了大人，回到縣衙宅院休息時，總覺得屋內陰森令人不寒而慄，到了深夜更是恐怖，紙窗外的月光下有黑影幢幢，屋內四處更是怪聲連連，嚇得奴婢下人們全縮成一團，而下官則被嚇得縮在床角整夜未眠、嗚⋯⋯神怪反噬的日子、何時是個頭呀？」。

蔣知府啜飲著手上的熱茶，望著虛弱的王知縣許久，感到非常疑惑地問道：「這幾日知府宅院倒是未有任何動靜，南仔仙境龍脈寶穴被破敗後，守護龍穴的神靈鬼怪若要尋仇，應當會先找上本府報復，令人料想不到的是，怎會先找上王大人的府邸，莫非是你的時運較低弱才會如此，有找法師來淨宅嗎？」。

王大人無奈地回話：「次日便遣師爺找來府城大廟寺的法師，在本縣衙宅院四處誦經施法淨宅，當夜雖立即有所改善而不再折騰，但越是夜深沉北風聲戚戚然時、下官更是輾轉反側難以入眠，半夢半醒之間……彷彿有許多冥界妖邪前來索命，幸而身上有府城各大寺廟求得之護身符，神怪索命噩夢方肯消停。」，王大人無奈地回話。

　　蔣知府緩緩的從懷中拿出佛珠、口中默念著　觀世音菩薩的佛號，許久後對王知縣說：「南無　廣大靈感　大慈大悲　救苦救難　觀世音菩薩、般若波羅密多心經，是本府每日必念的佛號、及必修之功課，作完功課後嘴中默唸著：『朝念　觀世音、暮念　觀世音、念念不離心、自然有感應』，王大人你若能每日默念此佛號，　觀世音菩薩絕對會聞聲救苦、幫你消災解厄。」

　　蔣知府喝了口茶後說：「亦可唸佛教的驅魔咒：『降伏魔力冤、除結盡無餘、聞此妙響音、盡當雲來集』，幫你驅散心魔，而每日默念般若波羅密多心經七遍、二十一遍心咒『揭諦揭諦　波羅揭諦　波羅僧揭諦　菩提娑婆訶』反覆的祈求，能幫你達成心靈的善願，縱使福緣短期內未至，但噩禍已逐漸遠離，本府將此串佛珠贈與你，默念佛號及勤作功課必可消災。」。

　　王知縣依照著蔣知府的指示，每日念念不離心虔誠勤唸　觀世音菩薩的佛號心經，最終恭請得來　觀音佛祖心中坐鎮驅離心魔妖邪，再經由滋補藥物調養，已可下床走動及批閱積壓多日的公文，蔣知府獲知此事後，忙完知府公務閒暇時，便急忙前往縣衙

探視王知縣。

當他看到王知縣身體已恢復正常，笑得合不攏嘴地說：「恭喜王大人已恢復健康，應是 觀世音菩薩佛號及般若波羅密多心經起了效用。」。

王知縣擔憂的說：「感謝知府大人的開示及贈與佛珠，下官遵照大人的指示、每日勤唸 觀世音佛號及誦讀般若波羅密多心經驅除魔障，果如您所說的恭請 觀音佛祖心中坐、噩夢便會逐漸遠離，但這敗地理的惡果循環才剛上場，往後的日子該如何是好呀？」。

蔣知府啜飲著熱茶、茶氣白霧裊裊上揚，他望著門外宅院花卉景觀憂傷地說：「唉！吾等雖奉大清聖上皇命、敗壞羅漢山、瀰濃水、蕃薯寮、南仔仙北斗七星龍脈及鳳凰皇后穴，以此等凡夫俗子之身軀憑藉大法師邪術，大戰白玉神龍千萬年來、二條龍鬚幻化成蟠水蛟龍、所灌頂的龍脈寶穴，而南仔仙蟠龍藉天地玄黃、所匯集的北斗七星穴最為慘烈，天璣星穴、天權星穴、瑤光星穴皆為大法師的邪術破敗，此等惡行將造就成多大的孽障惡果呀！惡哉呀！惡哉。」。

王大人問：「除了勤唸 觀世音菩薩佛號心經，知府大人可還有他法可行？」。

蔣知府面有難色說：「本府於最近幾天午夜夢迴時、總會夢

見南仔仙口隘秘境、圓潭水面上的七彩蓮花，蓮潭池畔有一位女士身著飄逸的白絲袍，赤腳悠遊漫步在圓潭池岸、時而躍上璀璨盛開的蓮花上吟唱詩詞，待吾醒來時、總覺得是從羅漢門遷徙至口隘秘境、灰狼平埔族群的七寸 白玉觀音媽，似乎是在埋怨吾等破敗了北斗七星穴及鳳凰皇后穴，致使蓮花寶座穴也遭受損壞，將為南仔仙當地帶來瘟疫災難，讓本府有即刻前往口隘秘境興建廟宇的衝動，祈求七寸 觀世音菩薩在南仔仙境 楊柳甘露降福驅煞 淨瓶普渡消災解厄，卻又想起當地漢人稀少，縱使將寺廟興建完成，怕也沒漢人敢至蠻荒危險的口隘 觀音廟朝拜，唉！無香火的廟宇等同於虛設呀。」

# 瑤光破軍皇后穴

　　王知縣聽完蔣知府急欲興建寺院廟宇、祈求能積德行善來化解破敗南仔仙地理的惡行，他的精神隨即為之振奮，拱手作揖而激動的對著蔣知府說：「知府大人、若能懇求得　觀世音菩薩的許可，同意吾等在鄰近區域的龍穴寶地上興建寺廟，恭請　觀世音菩薩在寺廟的本地村莊、及南仔仙境兩地來回穿梭　消災解厄　安境鎮煞，那麼知府大人您的興建廟宇構思就可馬上實現，但是怕就怕　七寸白玉觀音媽不肯離開口隘秘境、客居於他鄉外地的寺廟坐鎮。」。

　　蔣知府先是肯定後又疑惑地問道：「大慈大悲　救苦救難　觀世音菩薩早就已成為佛祖，但為念眾生苦而發下了大悲誓願：『未渡完眾生苦、誓不成佛』，故而吾等只要虔誠的祈求即可如願，但有個問題須先解決、就算　觀世音菩薩願意離開口隘秘境至外地寺廟坐鎮，尚須取得灰狼大頭目的同意，該如何說服他願意割愛將　七寸觀音媽讓出於吾等，還有一時之間、又能去何處尋來龍穴寶地興建寺廟呀？」。

　　王大人興奮回話：「知府大人貴人多忘事，桌山上二位商賈爭奪之風水寶地，後被大人諭令為寺廟用地，不正是頂極七星墜地龍穴的廟地，一來可為　觀世音菩薩尋得龍脈寶穴興建寺廟，二來可消彌當地誤傳官府與民爭地的謠言。」。

蔣知府眉飛色舞地說：「哈哈！太好了、王大人言之有理呀，本府倒是給忘了、大桌山上的七星墜地龍穴寶地，朱一貴曾經在此聚眾起義叛亂，若是在此山上興建　觀世音菩薩寺廟，更是可以消除朝廷對此龍穴未破敗的疑慮，及去除本府與民爭地的誤解，妙哉呀！妙哉、真可說是一舉數得啊，如今看來、此事只剩如何讓灰狼頭目出讓　七寸觀音媽。」。

　　王知縣頗有自信地回話說：「知府大人、懇請口隘秘境的　七寸觀音媽移駕至大桌山坐鎮安境鎮煞，還有下令在大桌山上興建寺廟、及向當地地方仕紳鄉民籌募興建　觀音媽寺廟的資金，全都得由知府大人策畫帶頭響應，至於花費重禮金及如何曉以大義、使得灰狼大頭目出讓　七寸觀音媽，就由下官全權來包辦此事吧。」。

　　蔣知府興奮地說：「好……好、太好了！王大人、吾等就此說定，馬上分頭進行吧。」。

　　王知縣遣派平埔族差役、向灰狼部落的達卡羅轉述，臺灣知縣衙的師爺欲以重金購買部落裡的　七寸觀音媽，恭迎至桌山興建寺廟安座聖駕、普渡眾生，卻遭受他斷然拒絕說：「此尊七寸　觀世音菩薩的金身，乃百多年前教導部落族人漢學文化的恩師陳大人，感念　觀世音菩薩不願隨他離去，卻要留在羅漢門的部落普渡眾生，消災解厄，爾後又輾轉來此，祖先代代相傳至今，豈可因貪圖錢財而出售。」。

王知縣重金購買之策略失敗後，再遣平埔族差役、攜帶貴重禮物及張師爺的其一信函曰：「灰狼大頭目鈞啟，前些日子行文給貴部落，欽差及蔣知府至此地斬斷龍脈，是爲了杜絕有人坐擁龍脈寶穴而圖謀造反，蔣知府雖知口隘有蓮花寶穴，亦知已有祀奉 觀世音菩薩在此坐鎮，故不會至灰狼部落裡破敗地理，但料想不到的是、欽差大法師於北斗七星穴施作的魔咒邪術，將會破敗蓮花寶座穴及鳳凰皇后穴，也會爲南仔仙境帶來災難瘟疫，而他卻因皇命諭令而隱瞞至離臺時方肯透露。」。

其二信函說明著：「蔣知府及王縣令二位大人得知此事後、心急如焚迫切欲於在口隘秘境建廟寺祀奉貴部落 觀世音菩薩安境鎮煞，但苦於此地無漢人信徒，無信徒香火的 觀音廟形同虛設，故盼恭請貴部落 七寸觀音媽移駕至漢人信徒眾多的阿嗹，興建觀音媽廟於桌山七星墜地龍穴處，在阿嗹普渡眾生、穿梭來回南仔仙境消災解厄。」。

看完張師爺信函、灰狼達卡羅氣得是火冒三丈，令人請來幾位部落的長老，商議該如何應對此事，他暴跳如雷地說：「這些官老爺實在太可惡了，竟以狡詐欺瞞方式破敗本地蓮花鳳凰穴，明擺的是先禮後兵斬斷龍脈，暗地裡卻佈下邪術魔咒破敗地理，闖下大禍、才將責任推給離開臺灣的欽差法師，如今更異想天開、期盼 七寸觀音媽替他們收拾爛攤子。」。

長老們七嘴八舌地討論著、對著灰狼解釋說：「這些官老爺雖然可惡，但俗話說的好：知錯能改、善莫大焉，他們身揹著不

可違抗的皇命敗地理，將爲本地帶來災難瘟疫，也替自己埋下了孽障惡果，若非事態嚴重、豈能降尊紆貴懇求大頭目出讓 七寸觀音媽，移駕至桌山七星墜地龍穴處建 觀音媽廟安座，穿梭回來南仔仙境消災解厄。」。

灰狼部落頭目經由長老們多方勸導，也爲了南仔仙口隘秘境著想，逐漸軟化了其憤怒報復之心，但唯一最讓他想不開的是，口隘秘境的圓潭水面上，璀璨盛開著七種顏色的蓮花，池畔岸邊的百花與其互相爭艷，更有色彩鮮艷的近百種禽鳥爲祂爭鳴，再加上在此地出生的女族人，各個都長成了沉魚落雁般的高雅絢麗，對地理勘與學再怎麼外行，也看得出此地必有蓮花穴好地理，官府爲了對清朝皇帝有個交代，竟將此吉地寶穴胡編成鳳凰蓮花皇后穴，灰狼頭目交代平埔族差役回話：「蔣知府若能對鳳凰皇后穴解釋出個所以然來，灰狼頭目就肯收下官府禮物及恭送七寸觀音媽至桌山坐鎮，若無法說出皇后穴的根據由來，灰狼部落立卽退回禮品及拒絕送出 七寸觀音媽，也將與官府爲敵而不願善罷干休。」。

平埔族差役急忙將此信息回報給縣衙，王大人獲知後快速前往蔣知府公署回報，王知縣進入知府宅院的大廳，看到蔣知府正在聚精會神伏首案前，繪製興建桌山 觀音廟的建築草圖，於是王知縣向蔣知府轉述灰狼頭目的要求。

蔣知府放下手上的毛筆，召來奴僕沏茶至大廳，他順手將筆墨交給身旁的李師爺，令其抄錄鳳凰皇后穴的由來：「本府踏勘

口隘秘境時，就發現大圓潭的池畔，有一個珍貴的百穴龍母蓮花座寶穴，是由玉帶母河的南仔仙溪所匯集而成，此蟠水蛟龍源於白玉龍山脈北玄武精華，蓮花寶座穴於上古傳說中能孕育出鳳凰蓮花，而在大圓潭水流隘口處的池塘，玄奇奧妙的是竟然璀璨盛開著七彩顏色的蓮花，池塘岸邊有豔麗的百花與其爭艷，多種色彩艷麗的禽鳥，池畔林間競相啼唱，形同百鳥朝鳳啼唱之奇景，而此地女孩盡如仙女下凡般清新脫俗，此乃鳳凰蓮花皇后穴在此之緣故。」。

　　蔣知府啜飲著手上的熱茶、望著抄錄皇后穴來源根據的李師爺，抄寫完畢後令其朗誦一次，證實無誤後，他接著詳細解析皇后穴第二個根據，呼出熱茶白霧後、分析說可分為三個現象、其一為：「白玉龍神西山脈所發出的白虎監兵羅漢山，於桌山頂及羅漢門二地，都發現有七星墜地聚集而成斗杓穴龍脈，而於瀰濃山頂踏勘地理時，往西北方鳥瞰南仔仙溪之蟠龍雄姿，本府與欽差大法師發現一件大地理奇蹟，南仔仙溪上游向西南撞擊尾隘山巒，轉折向南方的瀰濃山撞擊後，又轉折向西南方的口隘秘境及大槍山撞擊後，再左轉折向南行至旗尾山收尾，觀其溪流河灣形狀，乃南仔仙溪所擺下的蟠龍七星陣。」。

　　其二為：「與桌山及羅漢門的單一七星斗杓穴不同，南仔仙境的北斗七星各自獨立，造就成七個龍脈星穴，看似孤立卻又息息相關，而北斗第七顆的『瑤光破軍星』應為七星之尾，卻總愛做先鋒而落在南仔仙口隘之首，應是位於鳳凰皇后穴位置上，而『右弼隱元星』、則應是位於蓮花寶座穴上（註十）。」。

其三爲：「〔淮南子・本經訓〕：瑤光者、資糧萬物者也。〔張君房雲笈七籤〕：第七瑤光星、則天關星之魂大明也，天之上帝、主天地機運。如四時長短。天地否泰、劫會，莫不隸焉。〔李商隱南朝〕：地險悠悠天險長，金陵王氣應瑤光。」。

李師爺抄寫完蔣知府的蓮花皇后穴口述，讓他過目確定無誤後再交給王知縣，蔣知府對著王知縣說：「王大人、你須告知縣衙師爺，轉交此信件給灰狼達卡羅時，另外再附上小字條寫著：爲了恭迎 七寸觀音媽移駕至桌山坐鎮，爲南仔仙境生靈降福驅煞，才透露此瑤光破軍星穴龍脈之神蹟，此乃欺君罔上之大罪，期能守住此秘密，免得招來無妄之災。」。

拿到蔣知府對鳳凰蓮花皇后穴根據的解析，王知縣立即打道回縣衙，命張師爺書寫附註字條後，將密函及字條即刻派遣差役、再送往口隘秘境的灰狼頭目手上。

收到蔣知府解說皇后穴根據信函的達卡羅，與部落的幾位長老再三討論後，遂眞正確認了自己不識廬山眞面目，灰狼部落居然處於口隘瑤光破軍星穴龍脈上，又是蓮花寶座穴，方能造就出鳳凰蓮花皇后穴，難怪乾隆皇帝會派出欽差大法師，以皇命諭令會合臺灣蔣知府及王知縣，到南仔仙境大費周章施作邪術，破敗北斗七星穴、蓮花寶座穴及鳳凰皇后穴，部落座落龍脈寶穴既已確認、亦確定了蔣知府的說法：「南仔仙境要大難臨頭了」，灰狼頭目急忙帶領衆長老至 七寸觀音媽座前……。

灰狼部落的平埔族人的信仰是守護神「太祖」，而明朝遺臣陳老師留給祖先所傳承下來的 七寸觀音媽，則是部落族人的心靈導師及寄託，如今遇到了移駕桌山的重大情事，卻不知如何向 觀世音菩薩請示，眾人不知所措地一直稟報，清朝廷欽差及蔣知府來南仔仙境破敗地理，將為此地帶來災難及瘟疫等話語，爾後幸有灰狼夫人阿蓮伊出面解圍，她拿著漢人道教請示神明的半月型信杯，對著灰狼頭目說：「此信杯是達莉敏那群女孩跪在 觀音媽前請示事情時、溝通神意的聖物。」。

灰狼頭目望著夫人接過了竹頭雕製的信杯，傳遞給長老們互相研究後、她解析說：「信杯是由潔淨又堅硬的綠竹樹頭所製成的、圓弧面為陰、平面為陽，投擲於地上，若呈現一陰一陽是聖筊杯，即表示神明已答應或同意座下信徒之請求，若二杯皆為陽筊杯是為笑杯，即表示神明雖未同意但神意是高興的，可以繼續懇求及再次擲信杯，若二杯皆為陰則是陰筊杯，表示神明不同意也不高興。」。

灰狼頭目表示也曾看過漢人以杯信請示神意，經過夫人的解釋後，率領眾人重新上香及稟報南仔仙境的遭遇，爾後跪在 觀世音菩薩座前，手捧信杯請示說：「拜請 觀世音菩薩、灰狼可否請示所稟報之情事、請以一聖杯落地指示。」。

得到一陰一陽的落地聖杯，灰狼頭目及眾長老笑得合不攏嘴，興奮地繼續請示：「據台灣蔣知府敘述、奉乾隆君旨意到此破敗南仔仙口隘的龍脈地理，因欽差法師施作的邪術，將會帶來

災難及瘟疫，果眞如此、請以三聖杯落地指示。」。

在灰狼身旁的阿蓮伊，看著灰狼頭目擲出信杯後，撿拾信杯再交回給灰狼手上：「第一個聖杯、第二個聖杯、第三個聖杯！觀世音菩薩已指示確有此事。」。

此時灰狼頭目及眾人興奮的臉上表情轉爲沉重，長老們七嘴八舌的討論、南仔仙境將有災難及瘟疫降臨，灰狼部落是否考慮該儘早離開此地、方能避開此天降橫禍，灰狼達卡羅聽到長老們有遷徙部落的想法、他非常不高興地大聲說：「若是有族人要離開，本人可體諒而不會強留，但部落遷徙是一件大事，應該靜觀其變後再做打算，事情尚未到最後關頭，切莫輕易引起部落的恐慌。」。

北斗七星瑤光宮破軍星穴（見p218附檔圖11）

楠仔仙蟠龍七星：歷史典故

# 第二十二章
# 客居桌山超峰寺

　　諸位長老不再討論部落遷徙之事後，灰狼大頭目率領眾人跪在　觀世音菩薩座前懇求，祈求　大慈大悲　救苦救難　觀世音菩薩、能為南仔仙境口隘秘境消災解厄，同時也為了蔣知府欲懇求恭迎　七寸觀音媽至桌山的新建寺廟坐鎮之事請示：「觀世音菩薩已指示三聖杯，證實南仔仙境即將有大難降臨，蔣知府來信說道、因為此地無漢人信徒，若興建廟宇而沒人膜拜，無香火的　觀音廟形同虛設，故提議於阿嗹的桌山頂興建寺廟，恭迎　觀世音菩薩移駕至該地坐鎮……。」。

　　達卡羅為求慎重起見，請求　觀世音菩薩賜三聖杯落地指示確認此事，但經過十多次的信杯擲地，一個聖杯後就是笑杯，或是二個聖杯後就是笑杯及陰杯，達卡羅甚至已跪到雙腿發麻且滿身大汗，還是得不到　觀世音菩薩賜于三聖杯，眾人就此僵住而不知如何收場，最終灰狼累得只能癱軟坐在地上，望著　觀世音菩薩苦笑、不知如何再請示、亦不知如何收場，幸而阿蓮伊帶來女兒達莉敏再次解圍，經由寶貝女兒的詳細解釋，灰狼達卡羅方綻放笑容而放下請示的杯信，雙手合掌虔誠地說：「達卡羅已概略得知　觀世音菩薩神意，俗道解鈴還須繫鈴人，讓敗壞南仔仙地理的罪人，蔣知府及王知縣二位官老爺，跪在　觀世音菩薩座前懺悔吧！」。

縣衙張師爺向王知縣稟報，蕃薯寮六張犁的平埔族差役來報、口隘秘境的灰狼達卡羅已首肯同意恭送 七寸觀音媽至桌山，但是沒有獲得 觀世音菩薩的允許，後經多次的溝通請示，得知須由蔣知府及王知縣二位大人，親臨南仔仙口隘秘境向觀世音菩薩請示，若在部落長老的監看下取得五聖杯的指示，灰狼頭目不只無條件恭送 七寸觀音媽至桌山，也會派遣多位部落壯漢協助營建觀音廟。

　　王知縣聽完此消息是一則以喜、一則以憂，急忙趕往知府公署告知蔣知府，與之商量對策說：「知府大人呀！下官有個好消息要稟報：南仔仙境的灰狼頭目看完密函後、終於同意恭送 七寸觀音媽至桌山坐鎮了，還會派遣部落多位壯漢協助建廟。」。

　　蔣知府興奮地從椅子跳起來說：「太好了！吾等終於可前往桌山七星墜地龍穴上興建 觀世音菩薩廟宇了，而被破敗龍脈地理的南仔仙境，總算有神佛可消災解厄了。」。

　　王知縣說：「知府大人、灰狼部落雖傳來此大好消息、但……另有個壞消息則是，灰狼頭目率領衆長老請示 觀世音菩薩並沒有得到祂的允許，須由知府大人及下官至口隘秘境，在部落長老的監看下，親自向 七寸觀音媽取得五個聖杯的落地指示，下官認爲……五聖杯怕是灰狼達卡羅故意刁難的吧！」。

　　蔣知府說：「非也！此非壞消息呀，實乃 觀世音菩薩在考驗吾等之誠意度，本府及王大人雖是奉旨至南仔仙境敗地理，但協

助欽差法師施作邪術逆天而為，為當地帶來災難及瘟疫，實已犯下了滔天大罪之惡果業障，而今祈求 大慈大悲 救苦救難 觀世音菩薩能移駕至桌山、穿梭二地降福除煞消災解厄，虔誠求得五聖杯豈是刁難？」。

王大人緊張的拱手作揖問道：「知府大人、是、是下官失言了！感謝知府大人的不吝賜教、那麼……下官接下來該如何進行此事？」。

蔣知府說：「待本府擇定一黃道吉日，備好祭拜的四果三牲酒禮，王大人至寺廟雇請通靈乩童及道士法師，跟隨吾等於凌晨先出發往口隘秘境請示，此乃其一，其二則是本府讓師爺準備二百人份酒食飯菜材料，美酒會多加幾桶足以讓部落暢飲，王大人則負責搬運及找來廚師隨後，午後就開始烹煮，料理完成後便上桌祭拜，讓 觀音媽先行宴請當地神靈，祭拜完再讓部落族人打牙祭。」。

王知縣高興的回答：「還是知府大人設想周到，下官會遣人全力配合知府的李師爺，也會準備露宿的行軍營帳，若無法徹夜趕回府城，就夜宿六張犁駐防處。」。

幾日後蔣知府及王知縣一行人，到達口隘的灰狼部落，經由部落哨兵的通報，便由長老帶領至蓮花潭畔 七寸觀音媽神座前，與灰狼達卡羅及長老互相寒暄，擺好祭拜的四果三牲酒禮之後，蔣知府、王知縣率領著官差上香開始膜拜說：「拜請南仔仙口隘

蓮潭觀音媽、下官是臺灣知府蔣允焄，率領王知縣及眾官差來到座前請罪，茲因此地乃百穴龍母蓮花座穴、亦是北斗瑤光破軍星穴，所孕育之鳳凰蓮花穴卽將有皇后出世，因而乾隆皇帝詔諭欽差法師，由下官協助至南仔仙境破敗天子龍脈，爾後得知施法於天璣星穴的七星蛇塔、天權星穴的邪咒墓碑，將爲本地帶來災難及瘟疫，讓下官及王知縣等，良心受煎熬而寢食難安，今於阿嗹桌山上尋得一個絕佳龍穴寶地，興建一座寺廟奉祀 觀世音菩薩在此普渡眾生，穿梭來回南仔仙境降福除煞消災解厄，懇請口隘 蓮潭觀音媽能恩賜五聖杯同意前往桌山，讓下官及王知縣等眾弟子有贖罪的機會。」。

　　蔣知府率領王知縣等官差跪在 七寸觀音媽前虔誠地請示，但蔣知府所擲出的杯信，最多三聖杯後就是陰杯，顯示 觀世音菩薩非常生氣，就這樣……蔣知府因長跪遂呈雙腳發麻而顫抖，王知縣見狀立卽與他輪流跪著擲信杯，但 七寸觀音媽終究還是沒答應他們的請求，直至中午廚師烹煮祭拜料理，陣陣的佳餚香味飄進了祭拜神廳裡，神廳內的眾人肚腸嘰哩咕嚕地作響，讓蔣知府終於恍然大悟而說：「唉呀！ 觀世音菩薩在上、是下官蔣允焄唐突無理啊，今日尚未讓 七寸觀音媽作東、宴請口隘秘境本地的四方神靈，便囫圇吞棗地無禮請示移駕桌山之事宜，待會佳餚祭品上桌祭拜後、禮敬三巡酒禮之後再來請示移駕諸事。」。

　　王知縣從府城聘請知名的大廚師，烹煮佳餚的香氣四溢而炊煙裊繞、冬陽光暉映照在樹林下、橙色的煙霧瀰漫了整個灰狼部落，族人遇見官府今日的大陣仗，大都未出外狩獵而圍觀廚師

們表演廚藝，達卡羅見此狀速令男族人到倉庫搬出糧食，而女族人則蒸煮麵食米糕，及協助大廚的幫廚備料，大小孩童追逐嬉戲穿梭於廚師料理區的周圍，也有孩童圍繞在幫忙切菜備料的族人前，嚥著口水吵鬧的詢問著：「達莎敏姐姐、你們倒底煮好了沒呀？我們肚子快餓死了啦。」。

達莎敏一邊忙著幫忙備料、一邊望著部落裡飢腸轆轆的孩童，笑著回答他們說：「快好了喔，你們再去玩一下，很快就有好吃的可吃囉。」。

灰狼部落族人在府城大廚師群，表演精湛廚藝的催化下，望著色香味俱全的佳餚美食，早已垂涎三尺卻無法立即品嘗，紛紛偷回家中拿出乾糧米酒止住飢渴，稍微宣洩慰藉飢腸後，幾位年輕族人便歡欣的載歌載舞跳起豐收舞，原是蔣知府率眾來此請罪懺悔之行，卻演變成如同廟會般的熱鬧、歡樂沸騰，讓蔣知府有感而發：「樂天知命而單純的平埔族人，坐擁於能出產蓮花皇后娘娘的龍脈寶穴，而從未有所改變其天性，若非漢人犯了佛家五戒律的貪嗔癡慢疑，為了貪圖王侯將相之名利而掀起戰火，怎會招來被破敗地理後的災難瘟疫呀？今日僅是一場供奉人神的酒食饗宴，就能讓他們忘卻大難臨頭之憂患，更令人覺得良心不安呀！」。

王知縣領著差役將廚師料理好的佳餚及美酒分成二份，一份送至 七寸觀音媽座前的供桌上，另一份則搭配部落族人蒸煮的麵食米糕，讓部落族人及官府差役大快朵頤，調遣完善後，立即與

蔣知府至　觀世音菩薩座前上香，恭請四方神靈一同享用美酒佳餚，祭祀完畢留下幾位官差輪流斟酒敬神，他們二人便返回料理區開始用餐。

　　蔣知府與灰狼頭目夫妻及長老相談甚歡，灰狼頭目表示已能體會他的苦衷及無奈，不會再怪罪於臺灣官府，更會派員支援桌山　觀音媽廟興建計劃，而蔣知府則表示在臺灣知府任內，若遇南仔仙境有任何災難，必將盡全力前來支援搶救，雙方談得正愉快時，道士遣官差前來通知祭拜儀式已將結束，可以開始請示移駕事宜了。

　　雖然蔣知府的禮數周到，美酒佳餚使灰狼部落的族人及神靈盡歡，但經由多次的解釋及承諾，始終是三聖杯後陰杯收場，還是無法得到傳達　七寸觀音媽的諒解及允許，後經通靈乩童傳達　觀音媽旨意曰：「移駕桌山　觀音廟坐鎮，須請得　玉皇大帝御旨方可成事，而上天有好生之德、必能為南仔仙境消災解厄而降下御旨，但隨之而來的瘟疫疾病，則需靠官府的醫藥救難，而將來閩粵籍漢人進入本地，與平埔族將掀起爭水爭地的人禍械鬥，亦需靠官府的治安維持及三個族群的和平共處，否則南仔仙境將永無寧日，為本地消災解厄絕非朝夕可成，得靠官府及地方的團結合作方可圓滿。」。

　　通靈乩童傳達完旨意後，灰狼頭目速令部落族人隨蔣知府跪求　七寸觀音媽，蓮花潭畔到處都是合掌跪求的信徒，連調皮好動的部落稚幼孩童，也跟著大人笑鬧著合掌下跪，此景感動了上天

諸神佛，使得口隘蓮潭　七寸觀音媽獲得　玉皇大帝降下御旨移駕桌山坐鎮，而蔣知府及王知縣等官差及灰狼部落族人，最終獲得五聖杯的允許指示，眾人歡笑聲及掌聲雷動、部落族人又開始載歌載舞慶祝，爾後鑾駕乩童再傳達旨意，令蔣知府七天後的凌晨恭迎　口隘蓮潭觀世音菩薩至桌山點示廟寺基地中心點，隨後當日即可動土開工興建寺廟，乩童退駕前於神桌檀粉盤寫下一首籤語：「超峰穿梭二百年、渡得三溪龍同潛、萬馬千軍虎將臨、甘露回霑圓潭蓮。」。

　　回到府城後的次日，蔣知府急忙帶著差役再度踏勘桌山地形，規劃計算著如何在山頂上興建　觀世音菩薩寺廟的木材、石材、泥磚、屋瓦等材料，同時遣人從府城往阿嗹庄沿途的仁德庄、歸仁庄、半路竹、鄰近的田寮庄街道市集張貼告示曰：「臺灣知府蔣允焄將擇於近期之茂月吉日，在桌山七星墜地的龍穴處興建寺廟，奉請南仔仙境　七寸觀音媽來此普渡眾生，敬請諸位善信大德共襄盛舉。」。

　　蔣知府從桌山勘察建廟基地回來後，與王知縣討論寺廟的興建事宜後，依循著　觀世音菩薩籤語「超峰穿梭二百年」，將此廟命名為「大桌山超峰寺」，找來府城熟識廟宇事務的耆老，組成超峰寺建廟委員會，由蔣知府負責帶頭籌募興建寺廟資金、聘請名師工匠規畫寺廟外型風格及內殿設計，而王知縣則統籌調度縣役丁夫、及聯合灰狼部落的男壯丁，砍划樹木及製作泥磚、就地取材營建寺廟的基礎結構體，因為二位大人的積極籌畫準備，大桌山超峰寺於幾日內已有了初步的興建計畫。

觀世音菩薩指示的七日之約前夕，王知縣聘任同一位乩童及備好了祭品鑾轎後，至蔣知府公館彙報恭迎鑾駕過程，順道詢問蔣知府　七寸觀音媽籤語而說：「知府大人、愚鈍資質的下官認為，大人所命名的超峰寺，乃是　觀世音菩薩籤語第一句『超峰穿梭二百年』的前二字超峰，而『穿梭二百年』、及『渡得三溪龍同潛』、還有『萬馬千軍虎將臨』、及『甘露回霑圓潭蓮』等詞，下官苦思許久、領悟不出箇中的原由及指示，可否請知府大人不吝於賜教啟蒙。」。

　　蔣知府笑著回答說：「王大人莫過於謙虛了，穿梭二百年及甘露回霑圓潭蓮、應是指如梭的歲月到達那個年代，南仔仙境被牽制的魔咒邪術已破解，漢人信徒也已在口隘蓮花座寶穴及瑤光破軍星穴上，興建　觀音媽廟恭迎超峰寺的　觀世音菩薩回駕。」。

　　蔣知府頓了一下、思慮後就接著說：「二百年後的　觀世音菩薩鑾駕回到口隘圓潭的寺廟祀奉，則是需有二個奇蹟出現方能如願，其一是天地奇蹟，南仔仙溪及東邊的瀰濃溪（荖濃溪），還有西邊的羅漢門溪、三條溪河匯合同流，亦代表著本地平埔族、羅漢門閩籍人、瀰濃粵籍人等三種族群於此和諧共存，而萬馬千軍進駐南仔仙境破解邪術，關於此事、欽差大法師倒是有提過，以千軍萬馬的將領元帥，坐鎮北斗七星的開陽武曲星位置上，再於天樞貪狼星、天璇巨門星、天機祿存星等天地人三星位置，長期設立軍營駐紮屯兵於該地區，以千軍萬馬的殺氣軍威、破解墓碑邪咒及七星蛇塔，此乃人為之奇蹟，或許到那時臺灣已

改朝換代了吧！」。

　　蔣知府及王知縣等人於夜半寅時便從台南府城出發，到達南仔仙口隘已是冬陽初現的辰時，擺好祭品上香請示出發時，　七寸觀音媽附駕於乩童交代寺廟事宜說：「本座移駕至大桌山七星龍穴上，只是客居於超峰寺作客，故而寺廟完工後、蔣知府須至浙江舟山普陀巖恭請香火，奉請　觀音佛祖來超峰寺安座鎮殿，而寺廟興建當中，可將本座暫安座於知府公署，方便於指示建廟諸多事宜。」。

　　就這樣……南仔仙境口隘蓮潭　七寸觀音媽，在鑼鼓喧天、北管八音的伴奏下、熱鬧喧嘩地離開了遊境四十多年的南仔仙境、離別了這群混血平埔族的異教徒，在嗩吶噠仔高亢聲樂的催化下，達莉敏女孩群們哭泣著跪地揮別了心靈導師，而剛強堅毅的灰狼達卡羅，亦暗自流下了不捨的男兒淚，回想出生至今多年來、一直默默護佑著部落族人的　大慈大悲觀音媽，爲了消解南仔仙境將臨的災厄，遠赴桌山客居於超峰寺穿梭來回，如同天底下的慈母、爲了保護孩兒而展現的母愛堅毅情操，遂不自主的下跪含淚拜別　觀音媽，部落族人也隨著紛紛下跪合掌道別，蔣知府說：「剛毅不阿的灰狼部落族人，從不向朝廷知府及知縣大人屈服行跪禮，　觀世音菩薩並非他們的宗教信仰，竟能感化異教的灰狼頭目、帶領平埔族全體跪拜恭送，更有人不捨而哭泣或暗自流淚，此情此景、令人禁不住隨之落淚。」。

　　七寸觀音媽的鑾駕陣仗，在鑼鼓嗩吶的喧嘩之中，來到了桌

山下時，已吸引許多看熱鬧的路人，此時 觀世音菩薩附駕於乩童身，帶領眾人往桌山上奔跑而去，來到一處有著七堆珊瑚礁石灰岩，此乃七星墜地斗杓穴之龍穴寶地，乩童到此就停住不動，嘴裡喃喃自語、手拿著綁有紅布的銅椿插在地上，無獨有偶地竟是二位商賈仕紳爭執風水之處，蔣知府既獲 觀世音菩薩點出寺廟內殿中心基點，就依照指示舉辦動土開工儀式，三牲酒禮祭拜天地及四周神靈，三巡酒禮祭祀完成後鳴放鞭炮，隨後按照寺廟建築施工圖樣開挖基礎，興建超峰寺的工程就這樣開工了。

自從大桌山超峰寺興建工程動工後，蔣知府與王知縣兵分二路、馬不停蹄地四處募集建廟工程款，二人亦對外大肆宣傳將捐出一年官餉、拋磚引玉讓各地仕紳富賈共襄盛舉，公務閒暇之餘二人相邀至桌山監督觀看工程進度，而灰狼達卡羅也有依照約定，遣派部落壯丁砍划刨鋸木材及搬運土石，無法就地取材的樑柱喬杉木樹幹，更需部落人力協助從山下運至桌山上，超峰寺興建工程、在眾志成城又日以繼夜的努力下，寺廟結構體型已初步完成，但工程遇上了一個極為棘手的問題……。

寺廟最講究而繁縟的屋頂琉璃瓦片，不只有琉璃筒瓦檐口瓦，琉璃板瓦檐口瓦數量眾多，還有琉璃龍正脊、垂脊、龍頭正吻，琉璃走獸，精細易脆而難以搬運，這些琉璃製品無法以扁擔挑運，山路狹小崎嶇亦無法以牛馬車載運，若以人雙手捧握上山，以目前超峰寺工程隊的人員，不知得搬運至何時方得完成？

王知縣說：「知府大人、以目前的人手小心搬運琉璃瓦上

桌山，怕是會耽誤到超峰寺完工的日期，每日眾人都上下山好幾趟，甚至都走到腿軟也無法趕出進度來。」。

蔣知府說：「對呀！本府也正為此事煩憂，因建廟經費有限而無法多請人搬運，唯一解決的辦法，就是宗教信仰的力量喚來信徒幫忙，或以廟會慶典之雜耍表演，吸引民眾好奇湊熱鬧幫忙搬運，如此看來、得耍個戲法喚來群眾了。」。

蔣知府謀定計策後、遂以超峰寺上樑大典為由，遣差役從府城往阿嗹庄沿途的仁德庄、歸仁庄、半路竹、鄰近的援剿區及田寮庄街道市集、張貼著告示曰：「阿嗹大桌山超峰寺在諸善信大德共襄盛舉、有錢出錢、有力出力之通力合作下已接近完工，擇定於 觀世音菩薩出家紀念日，即九月十九日午時舉行上樑大典，恭請南仔仙口隘 七寸觀音媽坐鎮庇佑，當日請來開路青鑼鼓陣、大鼓陣及廣東醒獅團，還有法師表演『駛飛瓦』奇門遁甲之術，現場備有菜餚飯湯午餐供信徒享用，懇請諸位善信大德於上山路口處，向官差領取寺廟屋頂的琉璃瓦片，善男二片信女一片，協助 觀音媽廟屋瓦工程、將瓦片搬運上山，功德無量……。」。

為了讓超峰寺上樑大典當日更加熱鬧沸騰，知府及知縣公署除了留守人員，所有人都加入搬運琉璃瓦的行列，而收到上樑慶典通知的灰狼達卡羅，也帶領灰狼部落的族人，前往桌山搬運瓦片上山參加慶典，及向離別多日的 七寸觀音媽參拜。

搬運琉璃瓦片上山之艱困工程，在蔣知府及王知縣精心策畫

下，熙熙攘攘上下桌山的眾多信徒，終使蔣知府如願地讓大量琉璃瓦片飛上桌山，當屋脊大樑在大量鞭炮齊鳴中，信徒齊聲喊著『進喔！進喔！』，由腰際綁著紅綢布條、左青龍生肖龍及右白虎生肖虎的工匠，小心翼翼地高舉拉上廟頂後、交給木作匠師安座接合禮成。

大桌山超峰寺興建完工後，蔣知府及王知縣開啟了第二個任務，蔣知府渡海至浙江舟山普陀巖奉請香火，及恭請超峰寺的鎮殿 觀音佛祖，而王知縣則邀請阿㘃當地仕紳名人，加入原有的建廟管理委員會，與委員及眾多信徒擇定了開廟門之黃道吉日，遣差役於各地貼出超峰寺開廟門之告示，率眾完成了入廟前三天的淨廟所有儀式後，備齊了三牲酒禮各類供品，供奉在超峰寺前大廟埕廣場，恭迎蔣知府從府城出發的舟山普陀巖 鎮殿觀音佛祖、南仔仙口隘 七寸觀音媽之神轎，當轎陣隊伍來到桌山超峰寺前時，慶祝建廟慶成大典、在鞭炮齊鳴中鼎沸熱鬧的開始、敕開廟門、入火安座科儀，普渡化煞後、奉接宣讀玉旨準備入廟安座，將爐火擺出七星陣， 鍾馗爺過完爐火後，便開始步罡踏斗進行了打開廟門儀式，進入超峰寺內安座 鎮殿觀音佛祖 七寸觀音媽、蔣知府就順利完成了超峰寺建廟的使命。

多日後蔣知府偕同王知縣再次造訪灰狼部落，接受灰狼達卡羅的招待後、他悠悠地述說著：「南仔仙境 觀世音菩薩、御龍雲霧、楊柳降福甘露均霑、駕虎林地、淨瓶普渡安境鎮煞。御七星墜地龍穴靈氣、穿梭阿蓮及圓潭兩地、普渡眾生降福去煞。而出現在本府夢中的白衣大士、悠遊漫步口隘秘境蓮潭池畔、腳踏蓮

花吟唱著這二十八字偈語；超峰穿梭二百年、渡得三溪龍同潛、萬馬千軍虎將臨、甘露回霑圓潭蓮。」。

　　蔣允焄坦誠而言：「本府向灰狼頭目及長老們坦誠表白，觀世音菩薩的偈語意義是，被供奉在桌山上的超峰寺、二百年後是否就會回來口隘圓潭，而被破敗南仔仙龍脈地理，所損壞的地穴靈氣是否已修復，得靠二件奇蹟印證；奇蹟一：左青龍的瀰濃山溪、右白虎的羅漢門山溪、神龍擺尾的南仔仙溪，三條山溪蟠龍匯合同流、代表平埔族及閩南族及粵客三個族群和平相處，此亦預言了南仔仙境多年後、會有閩南人及粵客人湧入此地開墾、為了爭地爭灌溉水路而發生爭鬥，奇蹟二：千軍萬馬入南仔仙、此乃參透不了的玄機呀？或許是到了那個年代，臺灣已經改朝換代了，而執政者相中了此地北斗七星穴吧！」。

大崗山超峰寺七星墜地斗杓穴七星石（見p219附檔圖12）

# 第二十三章
# 天地人武曲駐軍

　　時光飛逝如白駒過隙、轉眼間就來到了清朝的光緒二十一年間（西元1895年），專制腐敗的清國被日本帝國打敗，被迫簽下了賠款喪權辱國的馬關條約，痛心疾首的孫中山先生、率領先烈歷經驚天地、泣鬼神的多次壯烈革命、從廣州、惠州、潮州直至黃花崗的十次起義失敗，於宣統三年（西元1911年）的武昌起義終於革命成功，推翻了滿清的腐敗帝制後，創立以三民主義立國的中華民國政府。

　　而此時國運多舛多難的中國境內、正處於百廢待興時期、但推翻帝制後才十多年後，西元1931年就遭遇日本帝國的侵略，歷經十四年之日本侵華戰爭卽史稱的八年抗戰，直至民國三十四年（西元1945年）、日本帝國戰敗投降，也結束了佔據臺灣的日治殖民時代。

　　國父孫中山先生不幸於中華民國14年（西元1925年）病逝於北京，主張聯俄容共的國民黨領袖孫文先生去世後，國民黨左右二派對於「國共合作」的矛盾日趨嚴重，兩年後的1927年便開始爆發多次軍事衝突，直至1937年爲了一致對外抵抗日本帝國的侵略戰爭，國共雙方終於同意停止內戰、達成了共同合作抵抗日本的協議。

楠仔仙蟠龍七星：歷史典故

西元1945年對日本帝國的八年抗戰勝利後，境內不幸又爆發了國民黨與共產黨的激烈內戰，爾後國民黨領袖蔣中正總統（老蔣）、在大陸的國共內戰失利致節節敗退後，遂率領國軍部隊帶著大批人才及錢財遷移來到臺灣後、老蔣立下誓言勢必要反共復國，與近三百年前的鄭成功誓言要反清復明相似，都將臺灣當成反攻大陸的復國基地。

　　國民黨的國軍從大陸搬遷來臺灣，欲立足於台澎金馬、最急迫的是尋找適當的地點安置軍隊，經過多次的軍事會議討論，將臺灣的國軍陸戰部隊分成北中南三個軍團統轄，故而派遣身邊的能人異士、四處探索龍穴吉地駐紮三個軍團部，爾後從探索回來的幾十處地點、經由勘與學幕僚組成地理團隊，精挑出十多處上選吉地，再由深通五行八卦的老蔣率眾親自踏勘。

　　根據各地耆老所描述當地的靈山龍穴傳說，以清朝乾隆君詔令蔣允焄知府破敗內門的悍將戰馬穴，美濃破敗太子蛟龍穴，白玉龍鰭尾的旗尾山破敗神龍擺尾穴，而楠仔仙境（日治時代將南記載為楠）則是以倒插竹、大槍山、七星蛇塔、邪咒墓碑破敗蓮花寶座穴及鳳凰皇后穴，讓蔣中正總統感到最有興趣也最為好奇，遂常帶著幕僚乘坐飛機於高雄縣轄區各境上空勘查。

　　幕僚團隊經由多日的研議探索，終於將北部六軍團部及中部十軍團部的位置確定，呈送給上級也已獲得三軍統帥批准，但南部八軍團卻是舉棋不定，陳幕僚問：「劉參謀呀！南部地區即嘉義縣以南的台南、高雄、屏東、台東各縣市區域，已經找了好幾

個上選的龍脈吉地，爲何都未獲上頭的批准呀？」。

劉參謀噘著嘴角回答：「陳大師、我曾聽聞上頭的多次分析，委員長較鍾意於旗山圓潭的楠仔仙境之靈山龍穴，他認爲能驚動清朝廷皇帝老子，必定有其超凡之處呀」。

李幕僚問道：「劉參謀、清朝乾隆時期被破敗地理最嚴重的楠仔仙，經由多次的空中拍照及地毯式踏勘，再三推論研究被破敗的埤仔底皇后穴、移形換影大槍山、下堤仔七星毒蛇塔及三貢山墳場墓碑，實在看不出有任何龍脈靈穴之跡象。」。

劉參謀皺眉地說：「李先生、傳說中的楠仔仙蓮花皇后穴、早在日據時代就已成爲陳氏宗親古厝，陳氏老祖宗於近百年前相中了此福地後、便耗費鉅資從大陸聘請建築名匠大師、在此窮鄉僻壤地楠仔仙溪旁，興建雕樑畫棟的大宅院，且經由多方探查證實、此處的確是個出產美人的鳳凰蓮花穴位，還有根據當地傳說、陳家老祖宗爲了抵抗六張犁大槍山對沖煞氣，於小山前建設土地公廟、抵制其對埤仔底的沖煞，四貢山大坪頂的倒插竹、下堤仔及三貢山均被蔣允焄知府及薩滿法師所破敗，因而委員長想將八軍團駐紮於此靈山寶穴，我們須加快腳步研究出楠仔仙的龍脈寶穴，上頭擔憂委員長已不耐煩了。」。

陳幕僚對著眾人敍述著蔣允焄將圓潭口隘 七寸觀音媽請至大崗山超峰寺供奉：「清朝乾隆二十八年 觀世音菩薩就有留下籤語預言：超峰穿梭二百年，若從西元1763年計算至1963年，再十多

年就可期滿回鑾楠仔仙境，萬馬千軍虎將臨，應是早在清朝乾隆年代，觀世音菩薩就預言著我們陸軍八軍團及海陸野戰部隊，將會進駐此地吧！」。

李幕僚說「我也曾聽聞當地耆老敘述　觀世音菩薩回鑾圓潭口隘，進行恢復楠仔仙境的龍脈地理，若有八軍團的千軍萬馬進駐，藉著軍團各部的軍威殺氣，便可衝破欽差法師所設置的邪咒枷鎖，讓此地的龍脈地理恢復往昔光采。」。

劉參謀說：「二位大師分析至此時、我們就遇到了先有雞或有蛋的瓶頸，圓潭口隘　觀世音菩薩尚未回鑾、而八軍團的千軍萬馬亦尚未進駐大圓潭，蔣允焄知府及大法師的邪咒枷鎖、蓋住龍穴地氣而讓人難以尋獲，真不知該如何是好呀。」。

陳幕僚垂頭喪氣的回說：「劉參謀言之有理呀！目前我們對楠仔仙境龍脈地穴的了解，皇后穴已成了陳家古厝，三貢山已成了亂葬崗，只剩被施作七星蛇塔破敗的下堤仔，而該處地理位置面山背靠楠仔仙溪，只適合駐紮營部連隊的軍營。」。

林幕僚說：「諸位若無法參透此地的龍脈玄機，我們不如來個大膽假設吧！近二百年前的臺灣知府蔣允焄，來到當時鳳山縣轄區的蠻荒之地，登上嶺口丘陵山崗之頂，望著北方雲峰交疊的百岳之首、自玉山『北玄武執明』之境、盤旋而來的兩條山溪水蟠龍，於里港匯合成了臺灣流量最大的高屏溪，奔流至林園出海口與鳳山丘陵形成『南朱雀陵光』之局，爾後再發現了內門鄉

的『右白虎監兵』羅漢門山勢，最後又尋獲美濃鎮的『左青龍孟章』瀰濃水勢，方知楠仔仙境處於四大神獸護衛的九紫飛星九宮之中宮，更驚訝的……是……五黃中宮前方的旗山竟有旗尾山與鼓山連成『旌旗戰鼓陣』，甚至於進入楠仔仙境的隘口之口隘、於其前方六張犁處矗立了一座攔路虎大槍山。」。

陳幕僚回：「楠仔仙境位處於太極四象神獸、圍繞護佑的帝后九紫飛星中宮，故有孕育母儀天下的鳳凰皇后穴，若能匯集文武百官穴氣、隨之而來是磅礴出世的真龍天子，難怪會驚動隔海遙遠的北京、坐在紫禁城龍倚上的乾隆皇帝。」。

劉參謀訝異地回說：「此事倒是不曾聽聞，難怪委員長如此堅持將八軍團駐軍於此。」。

李幕僚問道：「俗道沒有不透風的牆，此事應是蔣允焄知府或王瑛曾知縣身旁侍衛耳語傳下來的，但目前我們團隊只知楠仔仙境的皇后穴之訊息，又該如何大膽假設呀？」。

林幕僚思索著說：「當我們懵懂無知而不知所措時，總會去寺廟求神托佛及求籤卜卦，故而我前日去大崗山超峰寺尋求答案，跪求楠仔仙境之主 觀音佛祖時……。」。

李幕僚急忙問道說：「林老弟、你是去找…被蔣允焄知府奉請去大崗山超峰寺客居二百年、來自於圓潭的口隘 七寸觀音媽、向祂擲杯請示此事嗎？」。

林幕僚回：「我步行至大崗山頂的超峰寺時、被眼前的景象嚇了一大跳，知府蔣允焄駛飛瓦興建的舊超峰寺古蹟，經過五十多年日本統治幾乎全毀，此時正在重新建廟中。」。

　　劉參謀問：「慘遭日本軍隊徵用為軍事基地，大崗山超峰寺想必是體無完膚了吧！」。

　　陳幕僚詢問說道：「是啊！　大慈大悲　救苦救難　觀世音菩薩渡劫渡難真是無遠弗屆，跟隨明朝遺臣來臺灣，明知羅漢門有朱一貴之亂而不願離開；輾轉隨著異教平埔族人來到口隘秘境，明知多年後蔣允焄會來敗地理而不離不棄；爾後被請至大崗山客居於超峰寺，明知一百多年後、日本佔據臺灣會毀掉超峰寺、卻繼續穿梭於阿蓮及圓潭二地救贖楠仔仙境。如今超峰寺毀於一旦，口隘　七寸觀音媽可說是來『無影去無蹤』呀！林老弟應該沒看到　七寸觀音媽的白玉金尊吧？」。

　　林幕僚回：「如諸位所料、據當地耆老的描述，當時日本軍方徵用超峰寺為軍事基地，在那個兵荒馬亂的日據時代，廟寺主持人員慌亂失措在所難免，匆忙將廟寺內神佛及貴重物品遷移至山下的新超峰寺，經過五十多年的日治時期，臺灣光復後，日本政府軍隊撤離臺灣，口隘　七寸觀音媽的白玉金尊也隨之消失無蹤…。超峰寺新建工程現場有位老師父說：　觀音佛祖的七寸白玉金尊雖已消失，但是大慈大悲　觀音佛祖的元神、依舊穿梭於大崗山及楠仔仙境之間，而失去神佛元神的　七寸白玉觀音雕像，就只是賞心悅目的神像藝術品而已。」。

林幕僚端起熱茶啜飲思索著此事，一旁的陳幕僚望著林幕僚急著詢問說：「林老弟呀！你怎麼有頭無尾的說著說著就停了下來、後來到底怎樣了？」。

　　林幕僚笑著回答說：「失禮呀陳兄！我剛說的超峰寺興建當中，接著是要說：無奈之下只好走到七星斗杓穴的七星石前發呆，想著蔣允焄大費周章的在這山頂興建廟宇，供奉口隘 七寸觀音媽客居於此，爾後回到了台南府城，為了彌補在楠仔仙境破敗地理後，將為此地帶來瘟疫災難的罪過，耗盡知府公帑及私人薪餉鋪橋造路、修建七間廟八座寺，日夜為楠仔仙境祈福消災及為自己補功德，因而清朝的臺灣府知府有『府城三蔣』的蔣毓英及蔣元樞，蔣允焄是最為台南府城人津津樂道。」。

　　林幕僚接著說：「但以他在府城修建諸多廟寺又是臺灣元首之尊，況且渡海來臺灣、最久也只是八年的二個任期，為何不將 七寸觀音媽客居供奉在府城的任何一座大廟宇中，不是較為簡單輕易之事嗎？為何勞師動眾於大崗山上興建超峰寺，還紆尊降貴弄出個『駛飛瓦』來搬運琉璃磚瓦，難道只為了七星斗杓穴而來？當我思索至此、 觀音佛祖似乎賜于我北斗七星的靈感……。」。

　　李幕僚點頭附議問：「北斗七星斗杓穴？我也曾經想過這個問題，大崗山超峰寺有北斗七星石龍脈、內門紫竹寺有七星洋石墩龍脈，二座寺廟同為供奉 觀音佛祖為主神的香火鼎盛之廟寺，也同為白虎監兵龍脈山系，七星斗杓的形狀、位置也同樣以奇石

展現，而楠仔仙境雖同爲白虎監兵龍脈山系，也同樣有 七寸觀音媽，但爲何沒有七星形狀的奇石呀！」。

陳幕僚疑惑問道說：「超峰寺及紫竹寺皆位於山上，而楠仔仙境則是處於低窪河床地帶、若是有北斗七星石奇景，也會被楠仔仙溪及溝坪溪百多年的堆積泥砂石而掩蓋，此境七星龍脈若沒被蔣知府破敗，應也會跟隨超峰寺及紫竹寺的腳步，成爲當地香火鼎盛的寺廟，蔣允焄也不用請口隘 七寸觀音媽移駕至大崗山頂，若是以楠仔仙的九紫中宮土系來論，超峰寺位於西南方『坤宮』五行屬土，屬性相同不生不剋，而大崗山坤宮強盛的地穴靈氣，能生養輔助敗弱的楠仔仙境，二地有許多相似處，老弟你的大膽假設應是北斗七星吧！」。

劉參謀說：「若依各位的推論、楠仔仙乃四大神獸守護的九紫宮中宮，又同是位於白虎監兵龍脈之境，故此推測極有可能喔！依照鳳山縣誌所記載、阿蓮大崗山超峰寺及內門紫竹寺區域、於乾隆皇帝年代早已開墾完善而居住了許多漢人，因而縱使楠仔仙境於一百八十多年前、蔣允焄知府發現此地有著北斗七星岩石土墩之奇景，但在當時那個年代、這裡是漢人禁止進入的禁區，若是興建觀音廟根本沒有漢人敢來此朝拜，況且龍脈寶穴已被欽差法師破敗，只得將口隘 七寸觀音媽請至大崗山，興建超峰寺安座供奉，再則我認同陳幕僚的推論：此地東有楠仔仙溪、西有溝坪溪下游的口隘溪，內有二條溪圳，經由一百八十多年的溪水暴漲氾濫致泥沙堆積，極有可能七星岩石土墩已被覆蓋，故不能以現況地貌來判斷。」。

林幕僚笑回：「小弟的心思被老哥們所料中，我們破不了楠仔仙境的迷局，可能是先入為主、認定僅有皇后穴龍脈地理而當局則迷喔！所以我才去參拜超峰寺 七寸觀音媽，雖是撲了個空，但在大崗山頂俯視著東北方的楠仔仙境冥想，原為漳州知府的進士爺蔣允焄，必定是位勘輿地理學的翹楚專家，若非黯熟天文地理之天師級的人物，怎可能被乾隆皇帝欽差至臺灣破敗帝后龍脈寶穴，這位虔誠的佛道教徒奉旨來臺灣敗地理，想必是痛苦萬分的進入『前有狼後有虎』，伴君如伴虎、抗旨不遵可是必死無疑、甚至牽連宗族連坐處份，而前往鳳山縣轄區破敗各處龍脈地理，將遭受神佛冥界的反噬報復，故於台南府城修建廟宇及鋪橋造路積善功德，假設他已參透楠仔仙境有北斗七星穴，破敗後須有千軍萬馬軍威駐紮方能破除邪術。」。

　　李幕僚說：「蔣允焄必然料定要改朝換代，才能有千軍萬馬會來楠仔仙境駐軍，但邪術枷鎖蓋住龍穴地氣，後人必找不到此地的龍脈穴氣，而他又不能明講。」。

　　陳幕僚說道：「以蔣允焄知府的天師級敏銳智慧，應會裝瘋賣傻的留下線索。」。

　　劉參謀催促的說：「林大師快說出來你的大膽假設吧！上頭是越催越急了。」。

　　林幕僚回：「二位大哥分析得沒錯，他在台南被尊稱為蔣公子及小蔣、卻在有北斗七星石的大崗山、使出讓人啼笑皆非的駛

飛瓦之術，故而在大崗山及其破敗地理之區域，都被笑稱爲瘋癲的『肖蔣仔』，但我對蔣允焄戲稱駛飛瓦是飛砂走石之術，感覺是在裝瘋賣傻中傳達其說不出來的秘密，若以四大神獸護衛九紫宮中宮的楠仔仙境而論，他在九紫飛星坤宮之超峰寺、表演滑稽的飛砂走石，而九紫飛星中的九星宮卽爲七現二隱的北斗九星，飛砂走石對上了九宮飛星石！似乎在暗示楠仔仙境的七星石飛散各地、造就了多個龍穴寶地。」。

陳幕僚說：「林老弟、好一個九宮飛星石的大膽假設、眞是後生可畏呀！聽君一席話、頓時讓楠仔仙迷局撥雲見日，同爲白虎監兵山系，超峰寺及紫竹寺的北斗七星斗构只成一龍穴，而楠仔仙境處於太極四象環繞的九紫中宮，九紫星宮經由千萬年的天地造化、成就北斗七星宮分散各地獨自成爲龍穴，更令人嘆爲觀止呀！」。

李幕僚說：「我聽圓潭地區的耆老說，口隘 七寸觀音媽原本坐鎮在蓮花寶座穴，被肖蔣仔敗地理後便已損壞，所以才降旨要求在大崗山興建超峰寺，因而方有超峰穿梭二百年的傳說，若假設北斗七星在楠仔仙境有七個龍穴，再加上蓮花寶座穴將形成七星八穴，莫非是對號入座對上了蔣允焄的七廟八寺吧。」。

劉參謀得意得說道：「唉呀！好一個眼見爲憑，原來眼睛眞的會被騙，你們看楠仔仙境的空照圖，楠仔仙溪從甲仙鄉奔流至杉林鄉的八張犁，撞擊高山後大轉彎向左，到了小份尾再撞擊山峰後再大轉彎向右，造成了杉林鄉的廣大平原，直奔往楠仔仙境

的尾庄頭山嶺，撞擊後再轉彎向左西南方向而去，假設現在的河流已改道，而蔣允焄近二百年前，登上此處高山看到的是：楠仔仙溪到了小份尾轉彎後，沿著山腳下的新庄、隘丁寮順流，爾後再轉彎向右往地勢較低的尾庄頭，如此這般北斗七星的斗就已成型，楠仔仙溪亦已進入楠仔仙境，撞擊尾庄頭轉彎到了美濃山的大坪頂，撞擊後再往右而去，觀其形即為北斗七星的杓柄。」。

陳幕僚說：「幸好！圓潭口隘 觀音佛祖保佑，賜於林幕僚靈感能大膽假設突破迷思，謝天謝地！讓李幕僚發現七星八穴對上了蔣知府在府城修建的七廟八寺，更令人意外的是劉參謀的眼見不一定能為憑，竟然能發現楠仔仙溪造就的七星斗杓形狀，諸位仁兄對著空照圖往下看，楠仔仙溪蟠龍撞擊美濃山後，最後再來個神龍收尾，撞擊灌頂楠仔仙境的圓潭區域，後再轉彎往旗尾山鬼斧神工的造就了『神龍擺尾』穴，被乾隆帝欽差大法師以魔咒邪術蓋住的應是……楠仔仙蟠龍七星陣。」。

林幕僚說：「楠仔仙蟠龍撞擊美濃山的西面四頁山，山腳下有波濤洶湧的湧泉水穴，據說通達美濃溪及荖濃溪，故而蔣知府及大法師在大坪頂倒插三柱天地香的倒插竹。」。

李幕僚說：「哈哈！好一個神龍收尾撞擊灌頂口隘東側，難怪口隘的埤仔底有皇后穴出現。」。

眾人看著空照圖七嘴八舌的討論著，盼能定位出北斗七星其中一顆時，李幕僚說：「楠仔仙當地耆老說：欽差大法師將大槍

楠仔仙蟠龍七星：歷史典故

山施以移形換位，大坪頂倒插三柱天地香施以顛鸞倒鳳，三貢山施以邪咒墓碑鎖，日以繼月的破敗皇后穴氣。」。

林幕僚說：「我還有聽說、大法師設置於下堤仔的七星蛇塔，數量眾多的五種毒蛇所產下的幾千顆蛇蛋，每當小蛇要破殼而出之時， 觀音佛祖麾下的五營天兵神將，便會施作法術喚來各式各樣的鳥類禽獸，爭相搶食剛要孵化的小蛇及蛇蛋，致使旁側的圳溝流水整條都被蛇血染紅、血腥惡臭的血水流經埤仔底再流入口隘溪。」。

陳幕僚說：「二位等等……你們所說的是不同的破敗地理模式，大槍山沖煞、大坪頂倒插竹、三貢山邪咒墓碑是三合一攻擊，下堤仔七星蛇塔卻是單獨對上皇后穴，他們為何佈下天羅地網要攻破祂，應不只為了鳳凰皇后穴，更令人難解的是：皇后應位於後宮受眾人護衛，而祂卻於楠仔仙境的口隘先鋒……」。

這三位軍師突然以手頓點、互相指著對方許久後，如獲至寶的異口同聲笑說：「北斗七星後宮的第七顆星、卻是喜好衝鋒陷陣的先鋒軍：瑤光破軍星穴。」。

李幕僚興奮地笑說著：「此顆星的先破後立之屬性，恰恰符合了埤仔底蓮花皇后穴的被破敗，往後才能浴火重生成為鳳凰蓮花皇后，雖是北斗第七顆的斗杓尾星、座落位置卻位於六張犁要進入楠仔仙境口隘先鋒星。」。

林幕僚贊同地說：「此顆星另有破軍化祿的屬性，則是符合了欽差法師於下堤仔的天機祿存星穴、設置七星五毒蛇塔、藉此五毒萬蛇陣邪術、斷絕支援同水源下游的瑤光破軍星穴。」。

劉參謀懷疑的問道：「北斗七星的瑤光破軍星穴？好像跟埤仔底粵籍陳氏祖厝的皇后穴扯不上任何關係吧！反而是跟委員長的前夫人陳潔如女士、收養的粵籍養女陳瑤光（從母姓前名爲蔣瑤光）大千金小姐，比較有巧合性呀。」。

陳幕僚回：「瑤光破軍星是北斗七星斗杓的柄頭，斗柄指東、天下皆春；斗柄指南、天下皆夏；斗柄指西、天下皆秋；斗柄指向北、天下皆冬，古代便曉得以祂來訂定二十四節氣的立春、雨水、驚蟄、春分及清明……等，母儀天地的季令節氣、春耕、夏耘、秋收冬藏，瑤光破軍星君掌管天地的機運及人間之禍福，故與皇室正宮皇后娘娘母儀天下有許多相似之處。」。

李幕僚說：「哈哈！料想不到呀，我們發現這個楠仔仙境的天機，眞可說是三個臭皮匠、勝過一個鄭氏諸葛亮。」。

劉參謀滿臉疑惑的問道：「孔明諸葛亮、什麼時候竟然改姓成了鄭氏諸葛呀？」。

林幕僚笑著回答：「李兄所說的鄭氏諸葛、應該是鄭成功的大軍師陳永華吧。」。

楠仔仙蟠龍七星：歷史典故

陳幕僚也笑著說：「李兄說我們勝過鄭氏諸葛，應該是傳說近三百年前，陳永華軍師為了反攻中原的清朝，曾來到美濃山設立明月樓儲藏糧餉及培訓賢才，另設清風院儲藏武器及訓練戰士，而楠仔仙境的蟠龍七星陣近在咫尺，這位智慧天資可賽諸葛的軍師，竟錯失美濃山西邊的北斗七星龍脈寶穴，故而李兄說略遜於我們一籌。」。

　　八軍團駐軍地理位置的幕僚團隊，確認了楠仔仙境有北斗七星穴後，便開始於境內實地測量踏勘，定位於埤仔底的瑤光破軍星穴為起始點，李幕僚對測量隊說：「俗道有水泉源方有龍脈穴位，我們就以埤仔底的唯一水井口為基準點，由此測量導引至東邊圳溝設立輔助點，沿著圳溝往北測量至下堤仔七星塔東側圳溝，再次設立輔助點後，由此點丈量至七星毒蛇塔時，須小心注意腳邊的毒蛇，測量完須立即撤離。」。

　　林幕僚說：「瑤光星至天璣星的角度及距離，務必求得十分精準的測量成果，完成後再往西北側量至天權文曲星穴時，不要直接碰觸那三座邪咒墓碑，多設幾個測量輔助點，爾後求得了瑤光星至天璣星、天璣星至天權星的測量數據，另外的四顆星就有答案了。」。

　　陳幕僚說：「瑤光破軍星已有陳氏宗族居住，天權文曲星已成為亂葬崗，至於玉衡廉貞星（註十一），古人道：自古廉貞最難辨，故忠貞衛國的國軍不可駐軍於此，否則將可能成為忠奸難辨的軍士，幸好！尚有出戰神猛將的開陽武曲星、因為傳說關聖帝

君是從這顆星降駕凡間的，而伴其左右的隱星即左輔洞明星、右弼隱元星，還有天地人三界星之天樞貪狼星、天璇巨門星、而天璣祿存星穴雖被七星蛇塔囚困，國軍的殺氣軍威必能克制之，而珍貴的文曲星雖成了墳場，仍可設立槍彈靶場於三貢山上克制煞氣、另可於東側設立學校教育單位呼應輔助。」。

劉參謀說：「幸好！有你們三位軍師幕僚，方能循著近二百年前的蔣允焄留下的蛛絲馬跡，解開了楠仔仙境的蟠龍七星玄奇奧秘之天機、真是謝天謝地呀。」。

內門紫竹寺七星洋及大崗山超峰寺七星石（見p220附檔圖13）

# 八軍團白虎監兵

台灣最高峰暨百岳之首的白玉龍神山，神龍的二條千年雪白冰鬚，立春後解凍幻化而成楠仔仙溪蟠龍、荖濃溪蟠龍，皆發源於北方玄武執明之境，宛如從高聳入天、雲峰交疊的玉龍神山上、自天山盤旋而來的兩條水龍，穿嶺過峽、吞雲吐霧地蜿蜒而下、立夏時節山雨降臨、動如蛟龍、怒嘯疾行，白露過後秋分雨歇、靜如處子，優雅漫遊。

楠梓仙溪流經那瑪夏區、甲仙區、杉林區、楠仔仙、旗山區，流至圓潭的口隘、與內門區的溝坪溪交流，荖濃溪流經桃源、六龜、美濃、高樹，流至里港與隘寮溪匯合，後再經嶺口與楠梓仙溪交匯、成為全台灣第一大溪河的淡水溪（高屏溪），山水溪澗發源自玉山群峰，夾帶著大量泥沙礦物，沿岸經幾千年來的溪水沖刷，鬼斧神工之大自然力量，造就了肥沃的溪畔濕地及廣闊平原。

白玉神龍鬚幻化的東蟠龍荖濃溪自天山而下、千萬年來沿著崇山峻嶺洶湧澎湃而下，造就桃源區及六龜區的狹長型谷地，到了十八羅漢山豁然開朗、盤繞堆積了美濃區及高樹區的廣大平原，與龍肚太子穴、獅山、龜山成就青龍孟章神君之境。

西蟠龍楠仔仙溪則沿著山谷盤繞曲折、暗地迴旋泉湧造就了

各地靈山寶穴，也於那瑪夏區、甲仙區域沖刷堆積了狹長型谷地平原，到了風穴崎時左大轉彎、沿著八張犁、十張犁左衝擊右突圍地堆積平原，到了新厝仔再右大轉彎掙脫開群山的束縛、沿著小份尾、杉林角、新庄區域……沖刷堆積了杉林區東邊的廣大谷地平原。

楠仔仙溪與西邊的溝坪溪、共舞締造楠仔仙境內門區的金竹里、溝坪里，到了旗山區大林里的尾庄頭再次左大轉彎往東而去時，憑藉北方白玉神龍山玄武執明神君之威猛神力，於內門區永興里及永吉里交界處，擺下楠仔仙境蟠龍七星陣天界：「天樞宮貪狼星穴」。

左轉彎的楠仔仙溪蟠龍主流、往東朝美濃月光山奔騰而去時，於大林里尾庄將蟠龍水分支流（旗山二仁導水路），往南方向進入了楠仔仙境，於大林里的埔姜林擺下了北斗七星第二顆地界：「天璇宮巨門星穴」。

到了中正里的中庄、蟠龍水支流就此一分為二，東支流往東南方向直奔而去，於中正里下堤仔擺下北斗七星第三顆人界：「天璣宮祿存星穴」。順著東支流到了圓富里的坤仔底、擺下北斗七星第七顆星界：「瑤光宮破軍星穴」。藉由破軍星與祿存星同水源完成「破軍化祿」陣法。

而西支流離開中庄來到三貢山時，於圓富里與永富里交界、擺下了北斗七星第四顆時界：「天權宮文曲星穴」。西支流繼續

往南行走，於圓富里西圓潭與永富里大埔尾鄰界一帶，擺下了北斗七星第五顆音界：「玉衡宮廉貞星穴」。爾後西支流進入大圓潭口隘區域，即將要流入溝坪溪下游的口隘溪之際，擺下孕育戰神武將的北斗七星第六顆律界：「開陽宮武曲星穴」。

上古時代北斗原有九星，經過千萬年的物換星移幻化成了「七現二隱」之局，而在開陽星左後方的伴星成「開陽二星」之勢的隱星，則是北斗第八顆星：「左輔宮洞明星穴」，隱藏於旗山區永和里六張犁山區，北斗第九顆隱星：「右弼宮隱元星穴」，則隱藏於圓富里口隘慈雲寺之蓮花寶座穴。

二百六十年（西元1763年）前的清朝乾隆時期，台南知府蔣允焄及欽差大法師奉旨，在圓富里與永富里交界的天權文曲星穴施法擺陣「魔咒墓碑鎖」，藉此連結瀰濃山倒插竹所形成的「顛鸞到鳳法」、及以移形換位法術反轉大槍山行成「大槍山煞氣」，又在中正里天機祿存星穴施作七星蛇塔「五毒萬蛇陣」，斷絕同源下游的瑤光破軍星穴之「破軍化祿」，破除祿存星對其源源不絕的後援屬性。

當大法師擺壇作法破敗楠仔仙境風水地理時、天上風雲變色、地下鬼哭神嚎，眾山神地靈雖極力反抗終不敵其、奉天承運皇帝詔曰的聖旨，可惜楠仔仙溪千百年的天造地設而成「蟠龍七星陣」，及大圓潭口隘的鳳凰皇后穴、蓮花寶座穴生不逢時，正逢清朝乾隆皇帝盛世時期，只要有任何威脅到皇權的天文地理異相、可說是雖遠必誅，尚未孕育成形便被破敗了。

楠仔仙境的居民、被蔣允焄知府及大法師破敗地理後，沒了地穴神靈的護佑，屢遭瘟神地煞的騷亂，還有各種的鬼怪靈異事件頻傳，二百多年間的疾病纏身哀號遍野，因而當時有盛傳著一詞曲：「**楠仔仙好漢、臭腳綁雙層、黃酸大肚桶、求天渡苦擔。**」，楠仔仙溪沿路的村庄居民、求天跪地虔誠祈求　大慈大悲救苦救難　觀音佛祖、鑾駕降臨楠仔仙境、楊柳甘露降福驅煞、淨瓶普渡消災解厄。

　　口隘秘境蓮潭　七寸白玉觀音媽、被台南知府蔣允焄供奉在香火鼎盛大崗山超峰寺，慈雲寺　觀音佛祖二百六十年前的傳說，這段歷史悠久的神祕傳奇故事，便已揭開了序幕。

　　觀音佛祖的蓮花寶座穴被破敗，遂客居坐鎮於七星墜地、覆頂斗杓穴的大崗山超峰寺，於阿蓮及楠仔仙境二地穿梭來回、護佑著這片錦繡河山的世外桃源，巧妙運用五行生養循環不息、五行八卦四大神獸的洪荒之力、以口隘蓮花寶座穴位為九紫中央的「中宮」五行屬土，而土地能孕育萬物，滋生養護四方。

　　對於楠仔仙境的蓮花寶座穴位而言，座落於西方位的內門區乃羅漢山「右白虎金兌宮」，座落於北方位的甲仙區乃甲仙埔「後玄武水坎宮」，座落於東方位的美濃區乃瀰濃水「左青龍木震宮」，座落於南方位的鳳山區乃鳳山縣「前朱雀火離宮」。

　　「羅漢伏虎軍團現、座北玄武龜甲仙、
　　穿嶺蟠龍水合一、朝南朱雀鳳山縣。」。

四大格局若能夠成形，蓮花寶座穴便能再孕育出，母儀天下的皇后寶穴，如今蓮花寶座穴已破，只能靠超峰寺、其位於慈雲寺西南方「坤宮」五行屬土，屬性相同不生不剋，而大崗山坤宮強盛的地穴靈氣，能生養輔助敗弱的大圓潭中宮。

　　內門區靈山地穴眾多、有北斗七星寶穴（七星洋）、虎頭山、金交椅、將軍山、馬頭山與旗山區的旗尾山、鼓山相呼應成為「旌旗戰鼓」之氣勢，鎮妖攝魔、威震四方的「白虎監兵來立吾右」、四百年前格局就已成形，所以三百年前就發生了、鴨母王朱一貴反抗清朝貪官汙吏、舉旗率眾起義於台南府城稱帝，及後來吳福生偕同其舊部作亂，於是遭到清廷的掃蕩，後又被蔣知府敗地理便逐漸地沒落蕭條了。

　　對慈雲寺中宮而論，內門區永富里、永吉里、永興里、溝坪里、金竹里位於大圓潭西方，乃屬楠仔仙境的「兌宮」，五行屬金、太極四象的「白虎監兵神君」之境地。

　　觀音佛祖巧妙的運用超峰寺坤宮土系、五行土生金屬性，生養輔助虛弱的兌宮金系，使其緩緩恢復昔日威震鬼煞、嘯動山林的虎威，並請來代天巡狩　精通兵法的威凜武神　池府千歲鎮守白虎監兵羅漢山方位，統領五營兵將、協助驅瘟鎮煞。

　　楠仔仙境的北斗七星龍穴位置、被蔣允焄知府及薩滿大法師以邪術破敗後、因而這四大神獸護衛的九紫中宮帝后龍脈、被禁錮了將近二百年的漫長歲月。

直至老蔣的軍師幕僚團隊考古研究出來，爾後天樞星穴位於永吉里與永興里交界、大林里的天璇星穴、中正里的天璣星穴、圓富里與永富里交界的天權星穴、圓富里的開陽星穴，這些龍脈寶穴全被幕僚團隊精確的測量出來後，唯有左輔洞明星穴隱藏於永和里的六張犁，還有右弼隱元星穴隱匿於慈聖宮（慈雲寺前身）前的蓮花寶座穴裡，故而幕僚建議將八軍團駐軍於開陽武曲星穴上，老蔣看完了軍師幕僚團隊所呈報上來的密件，馬上決定親身乘車前往楠仔仙境踏勘蟠龍七星陣的龍脈寶穴地理，當總統車隊來到了旗山永和里的六張犁時（註十二）……。

　　前導車導引著車隊進入旗山鎮區後，正當車隊到了六張犁大槍山前時（清朝鳳山縣衙防範高山族出草殺漢人的駐防處），前導車突然就停了下來，嚇得總統的護衛隊隨即下車持槍戒備，劉參謀急忙下車跑來報告：「報告總統、根據軍師幕僚團隊的研究，委員長雖有尊貴的王者之氣，但進入楠仔仙境之前仍須下車步行以示尊重北斗七星，進入後須擺設香案三牲酒禮祭拜，對著北斗七位星君稟告請示，中華民國陸軍第八軍團部、將駐軍紮兵於楠仔仙境的龍脈寶穴。」。

　　在那個國民政府遷台沒幾年的戰亂年代，總統要離開防彈車隊下車步行進入楠仔仙境，這可是嚇壞了侍衛長及護衛部隊員，待方圓一公里內的天羅地網已完成嚴密的戒備後，侍衛長方敢恭請蔣總統下車步行，就在人牆重重包圍及層層護衛下，老蔣緩緩的走過臨時搭建的口隘橋、步行進入了人口稀少又偏僻的口隘街上，幕僚人員手指著開陽武曲星穴的位置，分析其背靠白虎監

楠仔仙蟠龍七星：歷史典故

兵山系，面對著玉帶狀楠仔仙溪，而當團隊正要左轉（八軍團憲兵衛哨崗）前往開陽武曲星穴時，幾隻大黑狗軍犬狂吠狼嚎了起來，軍師幕僚急忙向蔣總統報告。

劉參謀及軍師幕僚團隊說：「報告委員長、我們必須於此處擺設祭天香案、備上三牲酒禮祭拜、虔誠向五位星君稟報請示：開陽武曲星穴設立海軍陸戰隊泰山營區、天璣星穴設立華山營區、天璇星穴設立嵩山營區、天樞星穴設立田單營區、現已成為亂葬崗的天權文曲星穴、則應設置各部營區槍彈靶場制煞，待五龍脈星穴安境鎮煞後，再將第八軍團本部進駐武曲星穴。」

北斗七星開陽宮武曲星穴（見p221附檔圖14）

# 第二十五章
# 觀音媽九境渡厄

　　在參謀部屬及勘與幕僚忙完各種祭拜科儀後，完成了拜祭圓富里開陽武曲星君之儀式之後，蔣總統便率領著麾下眾將領，進入武曲龍穴勘查現場、聽取幕僚部屬的八軍團興建報告，爾後再依序至永興里天宮天樞貪狼星君、大林里地宮天璇巨門星君、中正里人宮天機祿存星君、永富里時宮天權文曲星君，分別擺下香案祭拜天地而稟告將駐軍於此地。

　　觀音佛祖二百年的偈語中之千軍萬馬、卽爲陸軍八軍團部於楠仔仙境、先後進駐旗山區的圓富里口隘軍團部之泰山營區、中正里下堤仔之華山營區、大林里埔姜林之嵩山營區、內門區永興里之田單營區駐軍，開陽武曲星龍穴上的八軍團源源不絕之軍種兵源，遙相對應了二百多年前、鑾駕離開大圓潭口隘秘境時 觀音佛祖被蔣允焄恭奉客居於超峰寺、起駕臨行前所留下的偈語「萬馬千軍虎將臨」，眞是無巧不成書阿！

　　「二百年前大清帝國台灣知府道台元首；蔣允焄知府奉旨偕同欽差薩滿大法師、破敗楠仔仙境北斗七星穴蟠龍陣地理。」
　　「二百年後中華民國台灣總統三軍元首；蔣中正總統率領八軍團千軍萬馬駐軍、襄贊天地人三界星及文曲武曲星地理。」
　　老小二蔣於二百年之間一敗一助，盡在慈雲寺 觀音佛祖信手拈來的運算之中。

對於楠仔仙境九紫中宮大地理而論，六龜區及甲仙區位於楠仔仙的北方之境，乃屬九紫飛星的「坎宮」，五行上屬水，卽是太極四象中的北方七宿、「玄武執明神君」之水源境地。

　　玄武元龜水神之名震北方而主掌水源、爲大地萬物生長之所需，此地區是荖濃溪及楠梓仙溪的上游、發源自玉山山脈，六龜區有六個山巖、狀似烏龜，在兇猛不定的荖濃溪水漲潮時，六隻神龜便會停佇溪河中守護，盤游九地、統攝萬靈的「玄武執明來從吾后」、幾萬千年來、一直鎮守著玉山群峰上所湧來的天水。

　　甲仙區承襲玉山群峰所發出的神龍水脈、楠梓仙溪水龍沿著山脈至旗尾山嶺連峰，蔣允焄知府破敗蟠龍七星陣地理後，楠梓仙溪的水質因而惡化、沿岸的楠仔仙九境居民，都遭到了受瘟神地煞騷擾、導致男女老少惡疾纏身、哀號遍野的採集草藥治療，大人小孩都犯上了面黃肌瘦、又挺了個大肚桶的怪病，也有許多男女的腳上長著膿瘡而潰爛，及烏腳病久治而不癒，　觀音佛祖運用九紫兌宮金系，藉著八軍團的千軍萬馬之強盛之氣、運轉五行金生水屬性，生養輔助病弱的坎宮水系。

　　美濃區、高樹區位於楠仔仙境東方「震宮」，五行屬木，太極四象中屬東方七宿、「青龍孟章神君」之地。

　　此區承襲玉山群嶺所發出的龍脈、荖濃溪水龍、經六龜區沿著山脈至獅山連峰，和楠梓仙溪二條水龍、圍繞盤繞著美濃區，騰雲過峰、穿峽駕霧的「青龍孟章來立吾左」，在此成形了、

三百多年前才被越過里港溪、開墾美濃區域的客家人發現，但被蔣允焄知府及欽差大法師、在龍肚破敗了太子蛟龍穴後，白玉神龍脈自此便被斬斷破敗，楠仔仙溪上游沿岸的杉林區、楠仔仙境、旗山區等地居民，荖濃溪上游沿岸至高樹區、里港區等地的居民，受澇瘟水煞作怪、溪水暴漲致氾濫成災，莊稼農作淹水廢棄、畜牧家禽潰爛死亡、瘟疫百病橫生。

　　觀音佛祖運用 坎宮水系、五行水生木屬性，生養輔助災患的震宮木系，並請來護國庇民 妙靈昭應的慈惠海神 天上聖母鎮守左震宮青龍方位，帶領著 金精將軍千里眼 水精將軍順風耳，協助收服水妖及治理水患。爾後再經歷八七水災之治，荖濃溪不再直衝橫撞里港鄉、河道慢慢變爲順暢，與內門溝坪溪、楠梓仙溪匯合於嶺口及里港，匯合後的溪河便命名高屏溪，奔流至林園區出海而去。對應了偈語「渡得三溪龍同潛」。

　　鳳山區、林園區及大寮區、同屬清朝鳳山縣管轄、三個區域均位於楠仔仙境的南方九紫「離宮」，五行上屬火，太極四象中屬南方七宿、「**朱雀陵光神君**」之地。

　　在二百年前的高雄縣市及屏東縣市、都隸屬於鳳山縣，此區有一丘陵地帶接連至林園出海口，名爲鳳山丘陵台地，形狀像飛鳳展翅滑翔落地，將嘴伸入出海口，喝著由楠梓仙溪奔流而來的仙水，在清朝期間臺灣府台南府城管轄下，一府三縣的臺灣縣（嘉義以北）、諸羅縣（嘉義），鳳山縣是南臺灣最熱鬧的城市，每當夜晚來臨時、鄰近村莊都黯淡無光時，鳳山市區燈火通

明，把此地照耀的像隻浴火鳳凰、奇彩五色，神儀六象的「朱雀陵光來導吾前」，在清朝鳳山縣成形了。

中華民國政府的十大建設當中、石油、石化工業，還有建設在林園及小港，前鎮的火力發電廠，都屬於火系的工業，更是符合了火系的南方離宮火的朱雀陵光神君，而鳳山區境內的三所軍官學校之陸軍官校、中正預校、步兵學校更使得楠仔仙境的「千軍萬馬」能源源不絕、源遠流長，旗山在清朝年代的蕃薯寮是鄰近鄉鎮蕃薯農作物的集散地，旗山區、美濃區、內門區、杉林區、六龜區、甲仙區等地所盛產的蕃薯，大多運往鳳山縣販賣，多年來的建設及收入，都得依靠鳳山這個父母縣，所以鳳山縣火系的離宮方位火生土、一直生養著旗山土系的中宮地區。

觀音佛祖巧妙運用震宮木系、五行木生火的屬性，生養輔助於離宮火系，再運用離宮火系、五行火生土之屬性，回歸生養輔助中宮土系的楠仔仙境圓潭慈雲寺、太極四象四大神獸相生、五行金水木火土的生養循環、生生不息、周而復始。

圓潭口隘　七寸白玉觀音媽、幾百年來有著「來無影去無蹤」、充滿著神奇玄奧之傳說，康熙元年（西元1662年）、國姓爺鄭成功從金門率軍來臺灣驅逐荷蘭東印度公司，中國沿海地區的閩粵籍漢人隨後大量移民來台，台灣有許多神佛也於同時期隨著移民渡海，鄭王爺積憂成疾病逝後，太僕少卿沈光文因忠言逆耳、而與其子鄭經政見不合慘遭追殺，爾後許多明朝遺臣文人流民、隨著沈光文途經大崗山輾轉來到了羅漢門，「來無影」 七寸

觀音媽也隨著遺臣文人羅漢腳來到內門（註十三）。

爾後東寧王鄭經聽取了鄭氏諸葛軍師陳永華的諫言、籌畫響應平西王吳三桂的三藩之亂、操練兵馬準備反攻中原沿海浙江福建廣東地區，遂取消了對沈光文等人的追緝，故而許多明朝遺臣文人得以離開羅漢門返回台南府城，大慈大悲 七寸觀音媽雖早就預知幾十年後有朱一貴之亂，仍堅持留在平埔族部落裡不願離去，直至康熙六十年（西元1721年）的朱一貴反清復明叛亂事件，導致羅漢門地區遭到清朝官兵嚴重的追剿掃蕩， 七寸觀音媽隨著曾參加朱一貴起義的平埔族部落，為了逃避清朝廷官兵追緝、輾轉來到了楠仔仙的口隘秘境，成了圓潭平埔族異教徒的 觀世音菩薩。

俗道福無雙至而禍卻不單行，乾隆二十八年（西元1763年），乾隆皇帝經由天文星象學家稟奏，星象家夜觀臺灣的上空星象紊亂、帝后星光閃爍，恐有出帝王及皇后之異象，乾隆皇帝聽完奏章半信半疑、於是派遣通曉天文地理的漳州知府蔣允焄，提早半年卸任漳州知府，渡海前往臺灣南部的鳳山縣轄區各地踏勘，將各地的龍脈寶穴繪製地形圖及文字敘述，踏勘盤查清楚後製成機密急件送回朝廷，經由黯曉地理勘與學家討論後，遂派遣欽差法師渡海來臺，由蔣知府配合破敗龍脈寶穴。

楠仔仙境蟠龍七星陣的龍穴，被欽差法師藉著天子皇命佈下邪咒巫術所破敗，導致興建 觀音佛祖寺廟的蓮花寶座穴也因此而損壞，臺灣知府蔣允焄奉旨破敗楠仔仙境的龍穴地理， 七寸觀音

媽在幾十年前輾轉遷徙來到口隘蓮花潭時、早就已盤算所得知，而救苦救難 觀世音菩薩雖然堅持不離不棄的守護著，卻阻擋不了楠仔仙境被清朝乾隆君之奉天承運、皇帝詔曰：「斷絕有心人士憑藉龍脈寶穴、效法朱一貴及吳福生以反清復明為由、爭奪皇位王權而致使千萬生靈塗炭。」。

　　大清朝廷藉此緣故而諭令蔣允焄等破敗龍穴地理，再加上楠仔仙境於乾隆皇帝的年代，幾乎沒有漢人敢在此蠻荒之地開墾居住，因此信徒祭拜神佛的香火尚遙遙無期， 七寸觀音媽只得無奈地離開口隘秘境、客居於同為白虎監兵龍脈、北斗七星斗杓穴的大崗山超峰寺。

　　蔣允焄知府於七星斗杓龍穴的大崗山興建超峰寺，供奉圓潭口隘 七寸觀音媽客居於此地時，廣大靈感的 觀音佛祖也早就預知百年後的超峰寺、將會毀於日本帝國的皇軍部隊，卻毅然穿梭大崗山及楠仔仙境二地消災解厄。

　　清朝光緒二十一年，清朝與日本因朝鮮問題而爆發戰爭，被日本帝國打敗的清國朝廷、派遣北洋大臣李鴻章與日本簽下了喪權辱國的〈馬關條約〉，此不平等條約導致割讓遼東半島、臺灣全島及所有附屬島嶼于日本，臺澎金馬因此變成了日本帝國的殖民地，後來又發生了二次世界大戰，大崗山超峰寺遂被日本皇軍徵用為軍事基地，當時被日本軍隊驅逐的廟寺主持人員，在日本軍隊跋扈驅逐下、慌亂失措的將神佛及貴重物品遷移至山下。

民國三十四年（西元1945年）、二次大戰結束日本軍隊撤離台灣後，「去無蹤」 七寸觀音媽的白玉金尊也隨之消失無蹤……。(註十四)

　　日本帝國殖民臺灣長達五十多年，日治時代嚴禁台灣老百姓祭拜中國的神佛，直至民國三十六年臺灣光復後，信奉 觀音佛祖的大圓潭之諸多信徒，在郭清木里長的帶領下重新雕塑了 觀音佛祖金尊，舊址在慈雲寺的現址的後方平房瓦屋，設立慈聖宮壇虔誠膜拜。

　　每年到了 觀世音菩薩農曆二月十九日聖誕千秋、便會集結整個圓富里的村莊善男信女、浩浩蕩蕩、鑼鼓喧天、沿著山路行走三十多公里遠的路程、到大崗山超峰寺進香祈福，沿路上 觀音佛祖座騎 虎爺乩童陳水土先生穿梭山林溝壑、嘯動山林、鬼煞讓道，而沿途上有許多店家擺設香案膜拜、更有熱情的信眾招待餐點茶水，到了超峰寺總是受到 觀音媽後頭厝的特別禮遇，廟內主持人員下山恭迎接駕 觀音佛祖的鑾駕。

　　楠仔仙境七星蟠龍陣被蔣允焄知府破敗後，他在大崗山上興建超峰寺完工落成時，奉請口隘秘境 七寸觀音媽移駕至超峰寺客居，藉七星斗杓穴靈氣救贖破敗的楠仔仙，在二百多年前的清朝乾隆皇帝二十八年，離開楠仔仙境的蓮花寶座穴時、 觀音佛祖留下了玄奧傳奇的百年籤詩，天造地設之「渡得三溪龍同潛」、七星蟠龍之「萬馬千軍虎將臨」都已應驗，只待「超峰穿梭二百年」福滿再續楠仔仙前緣。

楠仔仙蟠龍七星：歷史典故

民國四十八年（西元1959年），日本南方的艾倫颱風發生藤原效應，將東沙島之熱帶型低氣壓引進臺灣，導致八月七日至九日下了連續三日的大豪雨，雖造成了中南部災情極為嚴重的八七水災，卻也重整了橫衝直撞的荖濃溪、楠梓仙溪、溝坪溪舊有河道，致使這三條曲折迂迴的山溪變為順暢，且匯合於嶺口及里港而匯集成了高屏溪，因而對應了 觀音佛祖的偈語「渡得三溪龍同潛」，而近二百年前的乾隆皇帝欽差的大法師，在四頁山的大坪頂倒插天地香，三顆施作巫法的倒插竹因而隨著豪雨造成的山崩而消失，深埋於地下之天地香爐的七寶銅，亦因山崩地裂而出土見光，爾後被旗山區永和里六張犁的蘭先生於其大坪頂耕地拾獲（註十五）。

　　在楠仔仙境天權文曲星穴，被法師佈下邪咒墓碑鎖的三座石碑，亦隨著強風豪雨傾倒而破敗，因而於二百年前 觀音佛祖的籤詩預言著「超峰穿梭二百年」，遂於民國四十八年之八七水災的五年後、即民國五十三年甲辰龍年應驗了此古老傳說。

圓潭慈雲寺 觀音佛祖260年沿革歷史典故（見p222附檔圖15）

# 楠仔仙慈雲境主

　　慈聖宮每年的大崗山超峰寺進香傳統廟會、就在歲次甲辰龍年的那一年進香時，超峰寺住持師父說：昨夜 觀音佛祖降駕指示：「甲辰福滿續前緣、龍蛇相會太平年。」。

　　此籤詞指示 觀音佛祖將於歲次甲辰龍年尾冬成集福及蛇年首、二百年期滿福滿將要回駕圓潭慈聖宮，今後你們不用再來超峰寺進香了，計算年份 觀音佛祖是在乾隆二十八年（西元1763年）、被蔣允焄知府請去大崗山的超峰寺供奉，二百年後便是民國五十三年（西元1964年），在這甲辰龍年的歸期前，二大奇蹟也已神奇地陸續出現了：

　　奇蹟之一對應籤詞：「**渡得三溪龍同潛**：三條山溪蟠龍之旗山區楠仔仙溪、內門區溝坪溪先在圓潭口隘橋、後在嶺口里港橋與美濃區的荖濃溪匯合。」。

　　奇蹟之二對應籤詞：「**萬馬千軍虎將臨**：中華民國陸軍最菁英之第八軍團、進駐座落於旗山區圓富里口隘泰山營區、中正里下堤仔華山營區、大林里埔姜林嵩山營區，內門區的永興里及永吉里交界處的田單營區。」。

　　蔣允焄及欽差法師在六張犁施作移形換位之術、讓大槍山的

**楠仔仙蟠龍七星**：歷史典故

沖煞轉向口隘秘境的皇后穴，直至粵籍陳氏宗族於日治時代、由北部輾轉遷徙來圓潭埤仔底定居，爾後經宗祠祭拜主神 開漳聖王敕令 土地公石碑坐鎮大槍山前鎮住煞氣（註十六）。

　　民國四十八年的八七水災，天地洪荒之力將四頁山倒插竹及三貢山惡咒墓碑破除，至此楠仔仙境的邪術魔咒已全被消除， 觀音媽慈聖宮前擠滿人潮、慶祝這特殊日子的到來，興奮的眾信徒計畫著要蓋大廟，供奉從超峰寺回駕的 觀音媽，在圓潭這個窮鄉里、要蓋大廟是件很艱難的大事，依靠的是信徒合心一志、眾志成城，於是籌備建廟委員會的委員們、召開了信徒大會，宣達慈雲寺大廟的興建計劃。

　　建廟委員會中、有信徒提出意見說，七寸白玉 觀音媽已去無蹤，而宗教神說是一種信仰，若沒有眼見為憑的實證，僅依靠傳說恐怕是無法讓信徒信服，若是 觀音媽能神威顯赫、大展神通，大廟的興建便有了號召力，眾信徒討論了許久便有了一個結論，求得 觀音媽同意後，委員們在圓潭沿路敲鑼打鼓宣傳慈聖宮 觀音媽要大展神威靈通，大家快來看喔！

　　好奇的里民群聚在慈聖宮前，眾人看到 觀音媽的輦轎、用紅綢繩綁住四端轎桿，懸吊在慈聖宮前屋簷橫樑上，建廟的管理委員、信心滿滿地大聲公佈說：大圓潭圓富里的十五鄰信徒輪流、每鄰一天一夜鑼鼓助陣，輦轎不需要以手去搖晃祂， 觀音媽會神威顯赫展現神通、讓神轎自動擺盪起來，由此神蹟證明 觀音佛祖已經從大崗山超峰寺回駕了。

慈聖宮前大埕廣場、信徒們賣力的敲打鑼鼓、咚咚鏘、咚咚鏘……，滿懷期待的慈聖宮信徒們、賣力敲鑼打鼓、眾人目不轉睛地注視著輦轎的動靜，偶有一縷清風拂來，吹動了神轎微微搖動幾下，都會牽動信徒們的敏感神經，因而更加用力地敲打鑼鼓，盼望能夠親眼目睹奇異神蹟出現，但是經歷了一輪十五天的鑼鼓衝刺、　觀音佛祖的神轎仍然紋風不動，失去信心的信徒散去大半。

　　剩下建廟管理委員會的成員及　觀音佛祖信仰堅定的慈聖宮信徒，由這些人另外再組隊、支援各鄰第二輪鑼鼓隊不足人力、互相輪值做最後一輪的努力，就這樣日以繼夜、鑼鼓助陣到了第八鄰值班的傍晚，經過二十三天的努力衝刺，連最虔誠的委員及信徒們、身心都已感到疲倦無力、堅定的信心也漸漸轉化成失落，眾人默不作聲搖頭嘆息：唉！如此這般、不知如何收場？正準備收拾鑼鼓回家休息時……。

　　突然間有二隻大黑土狗在不遠處，夜幕低垂天色昏暗中，隱約只看得到二對憎怒的幽綠眼珠，為了搶奪一塊大肉骨，互相撕咬翻滾至神轎旁，眾人來不及反應，正要喝斥驅離時、輦轎已被撞得大力搖晃起來。

　　這二隻黑土狗撞到神轎後，便立刻逃之夭夭、遁至無影無蹤，被嚇得驚魂未定的眾人、眼神緊盯著輦轎是否有動靜，信徒們心理大都猜測著，難道是……有可能是　觀音媽派來的神將驅使的，眾人心中期盼的吶喊、幾乎快脫口而出說：拜託！輦轎不要

停下來、用力的擺盪起來吧……。

鑼鼓助陣至今日已是二十三天了，方能出現黑狗撞轎的玄奇現象，興建大廟的希望全看此舉，拜託！千萬不要停下來呀，於是信徒們紛紛跪地膜拜，口中祈求呼喊著　觀音媽神威顯赫、拜託展現神通吧，拜託　觀音媽顯神通呀！

就這樣，在這鑼鼓聲震天價響、香爐檀香濃煙嬝繞中，神奇的事情發生了！眾人的祈求終於得到回應，輦轎一直搖擺著沒有停歇，後因長時間保持一樣的震盪力道及擺度、直至紅綢繩斷裂才停止，　觀音媽如同天下慈母般、小心翼翼溫柔地、緩慢搖著嬰兒搖籃，心疼愛惜呵護著、這群信仰虔誠的信徒。

喜出望外的建廟委員及信徒、競相走告，奔跑四處大聲告知村莊的里民說：廣大靈感的神蹟出現了，快來親眼目睹此異相，觀音媽顯現神通了，傳達訊息給本地信徒，已回駕大圓潭安境普渡了……。

『好漫長的二百年呀！　觀音佛祖終於回來了』。

經由委員信徒在圓潭各處的大肆宣傳、慈聖宮前擠滿了歡天喜地的信眾，興奮的虔誠信徒已忘了敲鑼打鼓的疲倦，紛紛從家中帶來熱燙飯湯好酒，慶祝這個　觀音佛祖回駕的日子，大聲歡呼及互相恭喜之聲此起彼落，燈火通明如同廟會般熱鬧，那是一個大圓潭夜未眠，酒足飯飽的信徒群眾、帶著愉悅的心情、直到深

夜才肯慢慢散去。

慈雲寺大廟的興建過程，是在大圓潭里民的信徒群策群力下、有錢出錢、有力的出力、歷經了大約五年時間、於歲次己酉民國五十八年新建落成。就在新廟興建完成佳期的一年前，某日的黎明破曉時分，慈雲寺的乩童陳天財先生，大力敲著我家大門喊道：大肚呀！大肚呀主委、快開門啦、我是乩童阿財啦（筆者父親潘雲彩是第一任主委）、財伯緊張地告訴父親說：昨夜 觀音媽顯夢境指示、在高樹鄉有個農戶前、荖濃溪邊有塊長滿青苔的水流木、這塊樟木綁著一頭老水牛，慈雲寺 鎮殿觀音媽要用此塊樟木雕塑金身，財伯說趁他夢境記憶尚未消退前，要盡快動身前往以免誤事，主委你身上也要帶著錢喔！若價位合理、就立刻把此塊樟木買下來運回慈雲寺。

筆者父親主任委員聯同外公及多位老委員、一起前往高樹鄉荖濃溪旁尋找，尋覓許久總算找到了，果眞如 觀音媽乩童陳天財所描述的夢中景象，這塊長滿青苔的樟木，綁著一頭水牛，此塊樟木主人獲知是要雕刻 觀音媽的鎮殿金身，就以極便宜的價位賣給慈雲寺，後來慈雲寺的 鎮殿觀音媽雕刻完成後，同一塊樟木也多雕刻了二尊 觀音媽，而筆者家中奉祀膜拜多年的 觀音媽，就是其中的一尊。

慈雲寺大廟的興建營造過程、幾乎動用了圓潭信徒大多的人物力，除了廟寺建築圖的設計規劃及工程機械模具之技術性施作之外、柱基礎開挖、泥土搬運、協助綁鐵、砌磚泥作及水電管線

楠仔仙蟠龍七星：歷史典故

配設施工、泥砂攪拌及砂石搬運、搭設施工竹架、工程雜項施工全由信徒人力施作，而楠仔仙溪有取之不盡的天然黑砂及卵石，遂出動了圓潭地區僅有的二輛三輪車、搭配力氣較小的婦孺老弱，到楠仔仙溪底撿拾砂石上三輪車，來回載運至慈雲寺的營建工地，而建廟委員則是遠赴他鄉外里募集資金。

衆志成城興建完成了慈雲寺，建廟委員及衆多信徒們，擇定了開廟門之黃道吉日，完成了入廟前三天的淨廟所有儀式後，備齊了三牲酒禮各類供品，供奉在廟寺前大埕廣場，熱鬧的慶祝建廟慶成大典、敕開廟門、入火安座科儀，普渡化煞後、奉接宣讀玉旨準備入廟安座，將爐火擺出七星陣，由道士法師裝扮的 鍾馗爺過完爐火後，便開始步罡踏斗要進行打開廟門儀式，但奇怪的是……連試了二次都無法打開， 鍾馗爺重新步罡踏斗大力開廟門，竟被彈回好幾步，幸有人扶住才沒跌倒。

法師被打回時，拉開衣服發現胸前有塊黑褐色手掌印，衆人覺得情況不對，即刻尊請 觀音媽降駕來主持開廟門大典，過了一會兒、附駕在身的乩童財伯，指示由建廟的古雲炳委員（筆者外公）手捧 鎮殿觀音媽，背後須揹著 觀音媽回駕的甲辰年出生、實齡未滿五歲之幼童龍子，隨駕在後敕開廟門。

衆信徒們詢問說：「觀音媽有指定那一戶幼龍嗎？他的父母怕是不肯冒險讓五歲幼童參加吧！況且開廟門需於吉時內、匆促之間要去那裡找阿！」。

觀音媽的乩童財伯、微笑的手指著廟埕旁邊的祭品供桌下、百思不解的眾委員們，緩緩的走到乩童手指方向的供桌下一看，大笑說：「哈哈！真是妙不可言」，筆者正躲在供桌下、神色緊張地玩著躲貓貓遊戲，開廟門的小幼龍得來全不費工夫。

　　於是開廟門諸事就緒後、古雲炳委員手捧恭請著　慈雲寺鎮殿觀音佛祖、背後綁揹著肯龍幼童子隨駕在後面，由　鍾馗爺開路天上聖母　池府千歲龍虎護駕助陣，終於順利的打開了廟門，一陣陣的鞭炮聲轟隆作響淨廟除煞後、緊接著入火安座，完成了各種科儀後，就由潘主任委員插中央公爐的頭香開爐，完成了入廟大典。　慈雲寺　觀音佛祖與筆者家族的三代淵源、在此時便也已開啟了百年的佛緣。

　　臺灣知府蔣允焄於二百六十年前、奉乾隆皇帝諭令在楠仔仙境破敗地理，這段從小到大都耳熟能詳的「肯蔣敗地理」之傳奇故事，隨著時光歲月的流逝及長輩耆老的逐漸凋零，致使珍稀古史圖騰漸漸散成了許多塊的拼圖，再也難以拼湊完整。

　　小時候常聽外公描述肯蔣如何在本地敗地理，民國七十年他老人家仙逝後，筆者也離鄉背井到台南縣新化高工就讀，假日常坐車到台南市區找同學遊玩，在古蹟廟宇的廟口、亦曾聽到當地耆老講述府城被小蔣敗地理的種種事蹟，高中時期便憧憬著成為文學作家的筆者，憑藉在當時被南縣青年學刊登出二篇文章而自豪，也因此埋下了撰寫慈雲寺　觀音佛祖之傳奇故事的種子，若是有關於蔣允焄知府、蔣公子、小蔣及肯蔣的任何敗地理之玄奇事

蹟，都會非常專心的豎耳詳聽而牢記於心。

　　民國七十五年筆者入伍陸軍義務役，於高雄衛武營的訓練中心當完新兵後，幸運被遴選至台南砲兵學校士官訓，完訓後被調派至中部十軍團五八砲指部，爾後又幸運地被遴選為指揮官侍從士，故而能隨車至十軍團及六軍團一窺究竟，若非目睹過六、十軍團的雄壯威武，怎能體會出：三軍統帥蔣總統為了座落開陽武曲龍穴的八軍團，竟將軍團部設立在與民為鄰又狹小壅擠的舊圓潭口隘溪邊。

　　退伍後學以致用的投入了土木建築業，在那個建築業風起雲湧的八〇年代，沉淪於紙醉金迷的錢潮中載浮載沉，而高中時期的文學作家的夢想隨之拋諸腦後，直至民國九十四年經由高人大師指點、回到慈雲寺 觀音佛祖的座前懺悔：往昔所作諸惡業、皆由無始貪瞋癡，慈悲的 觀音佛祖霞光感召喚醒了筆者、沉睡多年編撰楠仔仙珍貴歷史典故的種子，從此踏上了拼湊古史圖騰的探索之路。

　　若要論述筆者家族與慈雲寺 觀音佛祖的百年佛緣、就得從臺灣光復後、中國佛教及道教信仰不再受到日本人壓制，島內各地宗教信仰的廟宇宮壇遍地開花，口隘慈聖宮 觀音佛祖的金身開光入神後，外公便成為慈聖宮虔誠的信徒，而學裁縫出師的母親受外公影響、聯袂里長妹妹郭來足女士為 觀音佛祖裁製神袍及神殿簾幔。

觀音佛祖回駕圓潭正逢筆者出生之時、亦是父親創立七星牙膏事業最輝煌的時期，圓潭慈雲寺委員出外募款興建經費、雕塑　鎮殿觀音佛祖的高樹茖濃溪水流樟木，皆由七星公司廣告車載運，聘請歌后鄧麗君十七歲時（民國五十八年）拍攝廣告如（見p222附檔圖16）。

　　因為外公對慈雲寺　觀音佛祖的虔誠信仰，致使筆者的家族都成了　觀音佛祖的超級粉絲，從小就對慈雲寺　觀音佛祖的傳奇故事耳濡目染，直至十多年前回到慈雲寺協助處理土地事務時，撰寫被蔣允焄破敗地理的傳奇故事，再次蕩漾於腦海中，而遺憾的是、熟知肖蔣敗地理的外婆古黎嬌妹女士已仙逝，探索楠仔仙傳奇的窗口又少了一個，後又為了養家餬口再回到營建工地當工程師，撰寫傳奇之事遂再次拋諸腦後。

　　父親仙逝後、熟識歷史傳奇之圓潭耆老也已先後撒手人間，我辭掉工作回家侍奉記憶力退化的母親時，方驚覺楠仔仙古史圖騰已再難拼湊完整，幸好慈雲寺委員劉明忠、郭秋發、劉達禎、林順明等先人善德對歷史的傳述尚在記憶中，後再經陳明雲、陳吉雄、歐忠科等委員的不吝指教、逐步完成了收集古史圖騰的碎片。

　　觀音佛祖於清朝乾隆帝時期，預知北京朝廷會派遣蔣允焄知府來此境敗地理，故而隨著平埔族部落遷徙至口隘秘境等候，後更料定了蔣中正總統二百年後、必將八軍團千軍萬馬入駐楠仔仙境、可藉其軍威鎮煞解厄。

甲辰龍年尾與乙巳蛇年首（西元1965年）、從阿蓮區大崗山超峰寺鑾駕返回圓潭口隘慈聖宮時，「龍蛇相會太平年」的籤詩意指： 觀音佛祖將坐鎮楠仔仙境圓潭地區安境鎮煞、消災解厄，但當時的國際局勢詭譎難測，東方巨龍神州分裂成臺海對岸的兩個中國後，捲入英美聯盟與蘇聯盟國的冷戰之中，為了聯合國的合法席位激烈抗爭。廣大靈感 觀音佛祖回鑾圓潭慈雲寺的年格、竟然神奇的對上了西元1965年的數字密碼、生肖排行之龍5蛇6：「**龍蛇爭一統九州**」。

先知先覺、廣大靈感 觀音佛祖從超峰寺回駕圓潭安境消災，盤算至今已過了五十八年的光陰，竟又巧合遇上了臺海兩岸的風起雲湧之際，臺灣捲入了美英盟國與中俄聯盟新冷戰漩渦中，而民國一百一十四年、正是 觀音佛祖回駕楠仔仙境滿一甲子六十年，亦是臺灣脫離日本殖民（西元1945年）滿八十年，竟黃金交叉對上了清朝統治八十年後，諭令蔣知府破敗楠仔仙龍脈，抑止有人藉此反清引起戰亂，而中華民國從反攻大陸演化成抗中保台又將是如何？此次甲辰龍與乙巳蛇西元2025年的大小龍再次相會，楠仔仙境應已恢復多年前玉山龍脈的龍穴福地，更期盼著2025年天佑中國：「**蛟龍合世紀圓融**」。

觀音楊柳庇佑：「**二條大龍小龍團圓和寧**」
觀音甘露賜福：「**二岸太平祥和愛你愛我**」

無論戰爭發生於哪個時空、都將置千萬生靈於鬼門叩關、無人可倖免，否則晚唐曹松的大作：「澤國江山入戰圖、生民何計

樂樵蘇、憑君莫話封侯事、一將功成萬骨枯。」，怎能傳唱千古呀！殷切期盼如 廣大靈感 觀音佛祖的二百年籤言所示：

「甲辰福滿續前緣、龍蛇相會太平年、
二〇二五境重圓、春風雨露福連綿」

回顧多年前……經高人指點回到慈雲寺 觀音佛祖座前、解決了廟寺前土地的當務之急、隨後又離開故鄉出外經營建築事業，這幾年再次返鄉舊地重遊、魂牽夢縈想念的都是 觀音佛祖二百六十年的歷史傳奇，至今無人彙整編記成書流傳下來。

筆者雖知自己的文筆拙劣、但尚有大難不死之大恩回報未盡，遍尋本地各路傳說及查尋各類古籍，編寫此書前遵照古禮、前三日齋食及艾茅草沐浴淨身後逐擇日於：「民國一〇九年歲次庚子霜降農曆九月十九日 觀音佛祖出家的紀念日正式起筆」。

虔誠祈求能夠依循 觀音佛祖 廣大靈感 大慈大悲 救苦救難的霞光、穿梭四百多年前、臺灣政權經歷了荷蘭帝國東印度大員分公司38年（1624-1661）、鄭王朝東寧國23年（1661-1683）、大清帝國福建省臺灣府213年（1683-1895）、日本帝國臺灣殖民地50年（1895-1945）、中華民國台灣省55年（1945-1999）、中華民國臺灣24年（2000-2023），共六個朝代統治所發生的諸多傳奇、探索頭擺！頭擺……。

# 楠 仔 仙 境 桃 花 源

　　根據鳳山縣誌的記載，清朝三百四十年前統治臺灣時，蕃薯寮及瀰濃區，均是未開墾的蠻荒之地，未漢化之境、清朝官府嚴令禁入的番界禁區，楠仔仙溪、荖濃溪的兩側沿岸溪畔、是大傑巔社平埔族、鄒族、布農族、排灣族原住民的林野狩獵牧場，山野林木草原的各種山禽及野獸，有水鹿、山羊、山羌、山豬、野兔等。

　　此二條山溪清澈湛藍而富含礦質之溪水，盛產著有鏟頷魚、石賓魚、還有馬口魚、小鰾鮊、吻鰕虎、爬岩鰍等，孕育了許多種類的大小魚蝦群，每當朝陽初現或夕陽餘暉照耀在溪面時，溪水中的鏟頷魚、當地居民稱爲苦花或赦免，魚身在陽光照耀時會反射銀光、素來有著「白晝星光」之美名、在溪面水霧瀰漫中，飛躍水面爭相搶食飛蛾蚊蟲，整條溪面被照耀得閃亮如玉般皎月之「玉帶母河」、與溪畔覓食飲水、跳躍玩耍的鹿羊獸群，交織成一幅曼妙絢麗圖騰。

　　楠仔仙溪及溝坪溪圍繞蘊育著、世外桃源之楠仔仙九境：
旗山轄區之六張犁（永和里）、圓富里、中正里、大林里；
內門轄區之永富里、永吉里、永興里、溝坪里、金竹里。

# 小蔣奉旨敗地理

　　清朝乾隆二十八年（西元1763年），台南知府蔣允焄（小蔣），奉旨尋得鳳山縣瀰濃（美濃區）太子蛟龍穴、羅漢門（內門區）悍將戰馬穴、旗尾山 神龍擺尾穴，與蕃薯寮（旗山區）鼓山連成「旌旗戰鼓陣」，更深入楠仔仙口隘圓潭、有蓮花璀璨盛開的蓮花寶座穴（圓潭慈雲寺），源於楠仔仙溪「蟠龍七星陣」精華、孕育不遠處池塘（埤仔底）七彩鳳凰蓮花、皇后勢將出世而母儀天下。

　　蔣允焄稟奏此奇景異象，趁其未成形若不破敗地理穴氣，待皇后穴與龍虎百官穴連成一氣，此三地將有真龍天子潛躍而出，屆時雙龍搶珠、爭奪皇位烽火再起、天下百姓生靈塗炭。奉旨來臺的大法師、大坪頂埋七寶銅安座天地爐、倒插香竹顛鸞倒鳳、大槍山反煞瑤光星穴、祿存星穴設置七星毒蛇塔破天機，天權星穴佈下魔咒墓碑鎖死文曲，導致楠仔仙境的居民，屢遭瘟神地煞侵擾，疾病纏身哀號遍野。

　　「楠仔仙好漢、臭腳綁雙層、黃酸大肚桶、求天渡苦擔。」、楠仔仙境內羅患瘟疫怪病的村民越來越多、他們每日虔誠的跪地祈求上天 南無 廣大靈感 大慈大悲 救苦救難 觀世音菩薩 楊柳甘露降福驅煞 淨瓶普渡消災解厄。

楠仔仙蟠龍七星：歷史典故

# 超峰穿梭二百年

# 第三篇

座落九紫中宮的楠仔仙境，左震宮「青龍孟章瀰濃水」、右兌宮「白虎監兵羅漢山」、後坎宮「玄武執明龜甲仙」、前離宮「朱雀陵光鳳山縣」，四大神獸守護著北斗七星龍穴，天機祿存星穴被小蔣的七星毒蛇塔破敗，導致同水源下游的瑤光破軍星穴，無法啟用「破軍化祿」、故未獲得祿存救援而隨之破敗。

口隘蓮花潭　七寸白玉觀音媽，因蓮花寶座穴建廟根基，受瑤光星被敗而遭損壞，稟奏　玉皇大帝降下御旨，移駕同為白虎監兵山脈、亦同為七星斗杓穴的靈山寶地坐鎮，爾後敕令蔣允焄知府，前往阿嗹（阿蓮）的桌山（大崗山）、於七星斗杓穴上興建超峰寺、恭迎　七寸觀音媽鑾駕客居此境，及渡海恭請浙江舟山普陀巖香火　觀音佛祖分靈鎮殿。

觀音媽　藉七星斗杓龍穴靈氣、穿梭阿蓮及圓潭兩地、
　　　　救苦救難　普渡眾生　消災解厄。
觀音佛祖　御青龍上雲霧　楊柳降福　甘露均霑
　　　　駕白虎下林地　淨瓶普渡　安境鎮煞。
觀世音菩薩　化身飄逸白衣大士　悠遊漫步蓮潭池畔
　　　　腳踏七彩蓮花、吟唱此二十八字偈語；
「超峰穿梭二百年、渡得三溪龍同潛、萬馬千軍虎將臨、甘露回霑圓潭蓮。」

# 第四篇

# 渡得三溪龍同潛

偈語意乃楠仔仙破敗山河，須有二件天地人奇蹟修復地理、地理奇蹟一：「內門區溝坪溪、旗山區楠梓仙溪、美濃區荖濃溪，三條山溪匯合同流、代表福佬、平埔、客家三族融和相處。」

來無影去無蹤　七寸觀音媽於三百多年前、隨著漢人移民降駕羅漢門……明知有朱一貴之亂而不願離去，輾轉隨著平埔族來到口隘秘境、算定多年後、蔣允焄會來敗地理而不離不棄，料定一百多年後、日本皇軍將會毀壞超峰寺，仍穿梭大崗山救贖楠仔仙境。

民國三十六年，郭淸木里長帶領圓潭信徒雕塑　觀音佛祖金身、於廟後屋舍安座膜拜，爾後每逢　觀音佛祖聖誕農曆二月十九日，村莊的善男信女集結於宮前、　觀音媽轎隊鑼鼓喧天、沿著山路走三十多公里、到重建後的超峰寺進香，沿路上　觀音佛祖座騎虎爺陳水土乩童穿梭山林溝壑、嘯動山林鬼煞讓道，超峰寺恭迎後頭厝　觀音媽、依特例下山接駕。

甲辰肖龍五十三年（西元1964年）進香時、大崗山超峰寺住持師父說昨夜……　觀音佛祖降旨「甲辰福滿續前緣、龍蛇相會太平年。」，指示此歲年尾冬成集福時、　觀音佛祖將回駕圓潭慈聖宮，今後不用再來進香了。

# 第五篇
# 萬 馬 千 軍 虎 將 臨

「渡得三溪龍同潛」已應驗：三條溪先合流於口隘橋旁、後於嶺口里港橋匯合。奇蹟二：「萬馬千軍虎將臨」也已應驗、深黯五行八卦的蔣中正總統（老蔣），將陸軍最菁英的第八軍團、駐軍能蘊育戰神的圓潭龍穴、乃北斗第六顆律宮「開陽武曲星穴」，繼而將各軍營分別進駐：第一顆天宮「天樞貪狼星穴」坐落永興里、永吉里交界，第二顆地宮「天璇巨門星穴」坐落大林里，第三顆人宮「天璣祿存星穴」坐落中正里，鄰近永富里之第四顆時宮「天權文曲星穴」，設立槍彈靶場制煞，並於東側建設圓富國中、圓潭國小呼應文曲星。

無獨有偶對上二百年前臺灣元首蔣允焄、於天璣星及天權星敗地理，古今二蔣在楠仔仙境一敗一助、盡在 觀音媽信手拈來盤算之中。

超峰寺進香鑾轎回到圓潭後，經由眾人競相走告，圓潭信徒齊聚慈聖宮，熱烈討論興建大廟恭迎 觀音佛祖普渡眾生，但在窮鄉僻壤中、募資建廟實非易事，為讓興建大廟有號召力，信徒跪求得 觀音佛祖的應許，將鑾駕小輦轎、用紅綢繩綁住四端轎桿，懸吊在慈聖宮屋簷橫樑上， 觀音佛祖將展現神通，讓神轎自動擺盪起來，證明已從超峰寺回駕圓潭了。

# 第六篇
# 甘露回霑圓潭蓮

　　獲得　觀音佛祖靈通神蹟的允諾，經由圓富里十五鄰信徒、二十三日賣力的敲鑼打鼓，就在當晚疲憊之際，突然間！在夜幕低垂天色漸漸昏暗之時，不遠處隱約看得到、二對憎怒的幽綠眼珠，搶奪一塊豬肉骨頭互相撕咬、翻滾至　觀音佛祖鑾轎旁撞擊、輦轎因而大力搖晃起來。神差鬼使的二隻黑土狗、經眾人喝斥、隨即遁逃無影無蹤，驚魂未定的眾人、眼神緊盯著輦轎是否有動靜……

　　心中的吶喊脫口而出：拜託！用力的搖擺起來吧、信徒們紛紛跪地膜拜，口中虔誠祈求呼喊著　觀音佛祖神威顯赫、懇求大顯神通吧！在這鑼鼓聲震天價響、香爐檀香嬝繞中，神奇的事情發生了！眾人的祈求終於得到了回應，輦轎一直搖擺著沒有停歇，保持同樣的震盪力道及擺度、神蹟式地擺盪不停。

　　觀音佛祖如同天底下的慈恩母親般、小心翼翼又溫柔地、緩慢搖著嬰兒搖籃，心疼愛惜呵護著、這群信仰虔誠的大圓潭善男信女，掩不住喜悅的信徒們、異口同聲地說：「好漫長的二百年呀！　觀音佛祖終於回駕了。」，歡天喜地的信眾於廣場越聚越多，紛紛帶來熱食飯湯及好酒慶祝，那是一個大圓潭夜未眠的美麗盛景。

**楠仔仙蟠龍七星**：歷史典故

# 第七篇
# 蓮花寶座慈雲寺

　　圓潭境主廟慈雲寺興建當中，陳天財乩童於某日凌晨獲得 觀音媽旨意，急忙趕至首任主任委員家中： 觀音佛祖於凌晨夢境中指示、在高樹鄉荖濃溪旁、有塊長滿青苔的高山水流木、綁著一頭老水牛，慈雲寺鎮殿 觀音佛祖要用此塊樟木雕塑金身，遂由主委偕同八位老委員前往高樹購取。

　　慈雲寺大廟在眾志成城建設中、於歲次己酉五十八年冬至完工後，擇定開廟門之黃道吉日，慶祝落成大典、敕開廟門、入火安座科儀、普渡化煞後、奉接宣讀御旨準備入廟安座，將爐火擺出七星陣 鍾馗爺過完七星爐火，便開始步罡踏斗，進行敕開廟門儀式，但連開了二次都打不開， 鍾馗爺重新步罡踏斗、準備大力打開廟門時，料想不到竟被彈回十多尺遠、幸好經旁人扶持才沒跌倒，他拉開衣服時，發現胸膛竟然有塊深褐色手掌印記，此時眾信徒覺得情況不對，即刻恭請……

　　觀音佛祖降駕，親自主持開廟門大典，乩童附駕起乩時、指示須由古雲炳委員手捧恭請 鎮殿觀音佛祖金尊，身後須綁揹著五歲肖龍的外孫兒，天上聖母池府千歲龍虎護駕助陣，方能順利打開廟門、入火安座開爐完成入廟大典。

## 第八篇

# 九紫蟠龍七星宮

天宮：天樞宮貪狼星君，內門區永吉里與永興里、旗山區大林里
三地交界處。

地宮：天璇宮巨門星君，旗山區大林里埔姜林與新厝交界處、東
震青龍水路。

人宮：天璣宮祿存星君，旗山區中正里與圓富里下堤仔交界、東
震青龍水路。

時宮：天權宮文曲星君，國中國小校後三貢山與永富里交界、西
兌白虎水路。

音宮：玉衡宮廉貞星君，永富里大埔尾、圓富里西圓潭交界、西
兌白虎水路。

律宮：開陽宮武曲星君，旗山區圓富里舊圓潭與六張犁交界、西
兌白虎水路。

星宮：瑤光宮破軍星君，圓富里口隘埤仔底之鳳凰蓮花后穴、東
震青龍水路。

輔宮：左輔宮洞明星君，旗山區永和里六張犁山區隱密處、屬福
祿壽喜吉星。

弼宮：右弼宮隱元星君，圓富里口隘慈雲寺之蓮花寶座穴、屬福
祿壽喜吉星。

圓潭境主慈雲寺　潘雲彩　郭清木　黃振羅　陳盛春　善德
歷任主任委員　　洪武常　鍾福壽　陳茂盟　盧成讚　善德
現任主任委員：　歐忠更　暨管理委員會　　　　　敬制
　　　　中華民國一百一十一年歲次壬寅茂月吉旦 孫源 恭題

# 楠仔仙境蟠龍七星備註

註一：中華民國七十年代、筆者離開家鄉遠赴就讀於台南縣新化
　　　高工職業學校，假日期間常與同學至台南市區名勝古蹟遊
　　　玩，生性好聽稀奇古怪歷史故事的我，坐著公車到古蹟老
　　　廟的著名廟宇之廟口，找尋及聽聞當於地耆老們的「廟口
　　　講古」，而台南許多古蹟廟宇的「肖蔣敗地理」之各種傳
　　　說，跟故鄉被敗地理的傳說一樣令人嘖嘖稱奇。

註二：援剿乃三百六十多年前明鄭時代燕巢的地名，源於鄭成功
　　　後備軍隊之「援剿中鎮」所開墾屯田地區，援剿二字經由
　　　閩南語口耳相傳、後來慢慢轉化成為燕巢。

註三：荷蘭人占據台灣所繪製的地圖中，因為笨港常有平埔族原
　　　住民出現，遂將此地稱為「PONKAN」，爾後顏思齊及鄭
　　　芝龍帶著內陸閩粵移民來此開墾，隨著貓兒干社民口音，
　　　便將此河口海港稱之為笨港，因為港道迂迴易於躲避官
　　　兵，而成為唐山過台灣的最佳入口處，康熙年間〈諸羅縣
　　　誌〉：「笨港街、台屬街市，此為最大。」。

註四：羅漢外門田是康熙年間旗山的地名，大傑巔社十二里中的
　　　「施里庄」也是旗山地名，康熙末年間、漳州漢人購買大
　　　傑巔社地，搭建草寮開墾農地、農作物小季時期種植蕃薯
　　　維生因而得名，乾隆二十年（西元1755年）立碑禁止漢人

占地即稱蕃薯寮莊。

註五：清朝滿人的原始信仰爲薩滿教、其信仰歷史已有數千年，統治中原後入境隨俗，制定崇儒重道國策，順治帝詔令：「白天祭拜佛教及道教，晚上則祭拜薩滿教。」，康熙帝頒定聖訓：「儒家學說爲正教，佛教、道教、回教、基督、天主皆爲正教之下。」，乾隆帝遵從先皇祖訓詔令，對台灣的佛教及道教均須尊崇、不得冒犯。

註六：據傳此三支短綠竹頭部以長土罐培養長鬚根，待根鬚超過綠竹本身長度，將之倒插而讓根鬚倒轉入土，遂造就能繼續存活的「倒插竹」、此乃沿襲上古時代薩滿教禁用已久之邪法，將黑魔邪咒貼在綠竹上施作邪法「顛鸞倒鳳」、使此地理順序失常。

註七：海洋中的珊瑚死亡後，在海底推移累積成爲珊瑚礁，藉由地殼運動及板塊移動而浮於海面，也有珊瑚礁經由萬千年的滄海桑田，變成了溪河或山上的咕咾石。

註八：漢人從中原來到台灣，捕捉食用較有名及較常見的五種毒蛇：（一）雨傘節、（二）眼鏡蛇、（三）百步蛇、（四）赤尾青竹絲、（五）龜殼花，目前均已列入保育動物。

註九：開陽星是北斗七星的第六顆星，在中國古代宗教與民俗稱

其為開陽武曲星君，是個擁有驍勇善戰將帥特性的星座，古代超級戰將項羽及關雲長等武將、大多被傳說為「武曲星下凡」，在其左後方有顆伴星，故此二顆星並稱為「開陽雙星」，此伴星即為「左輔洞明星君」、是一位精通法力的護法神君，是為斗母元君的護法協侍，亦稱為「勾陳玉皇大帝」，元始天尊指派協助玉帝統禦萬神，管理天下兵革事宜。北斗在上古時代有九顆星，後變成了七星現二星隱，此二顆隱星不易被發現，若有人得見即大吉大貴又延壽無窮，故左輔星隱藏於開陽星左後方、亦即六張犁的山內，而根據本地的宋姓耆老傳述：他小時候曾遠眺望見此山上有紅色火團晃動，當時老人家均稱之為「天公火」，有福氣者方能幸而望見之。

註十：瑤光亦稱搖光星是北斗七星的第七顆星，在古代宗教與民俗稱其為搖光破軍星君，被視為祥瑞徵兆的星象之一，雖然位於北斗七星的末尾勺柄搖光，卻也是北斗最東方先鋒的破軍，與進入楠仔仙境的蟠龍七星陣之第一顆星穴遙相應和，此星代表著衝鋒陷陣的消耗及破壞之「耗星」，卻也擁有破軍化祿的後援不絕之「有根」特性，即是其正後方有第三顆天機祿存星，也與口隘搖光星及下堤天機星同一水脈相符合，而口隘蓮花寶座及鳳凰皇后穴地理被破敗，能否與破軍星的「先破後立」之屬性相呼應，則需由時間來應證，此星的左前方是「右弼隱元星君」，是斗母元君的護法協侍，亦稱「紫微北極大帝」，執掌天經地緯，率領三界星神及山川諸神，能呼風喚雨役使雷電鬼

神，爲另一顆隱星，隱匿於孕育蓮花皇后的蓮花寶座穴。

註十一：玉衡星是北斗七星的第五顆星，在中國古代宗教與民俗稱其爲玉衡廉貞星君，是顆衝動暴烈的殺星、亦是顆高傲孤行的囚星，在七星中是最亮的一顆星，與七星中是最暗的第四顆天權文曲星成了強烈對比，亦是介於第六顆開陽武曲星的文武曲之中，宋書符瑞志下：「玉衡從體，瑤光得正」，古人用代表王權的「衡」來命名玉衡。

註十二：楠仔仙境包含楠仔仙溪畔：旗山永和里之六張犁（駐防處）、圓富里（口隘）、中正里（中隘）、大林里（尾隘）。溝坪溪畔的內門之永富里、永吉里、永興里、溝坪里、金竹里。故而合稱爲楠仔仙九境。

註十三：慈雲寺興建初期、筆者的外公及父親因連獲龍蛇二男孫兒，遂殺豬宰羊備齊三牲酒禮，歡天喜地前往內門紫竹寺 觀音佛祖座前還願叩謝神恩，卻於廟寺前因閃避衝出馬路的黑狗，貨車右方前後輪陷入水溝，車上祭品豬羊三牲全插入池底汙泥，爾後急忙趕至紫竹寺請示，卻得到 觀音佛祖指示道：「圓潭慈雲寺 七寸觀音媽與本座爲同時期渡海來台的姊妹，爾等是慈雲寺的建廟委員、竟然犯了近廟欺神之舉、既然從超峰寺回鑾的姐姐沒得吃，本座也不願領受你們的豬羊酒禮拜品。」，爾後外公及父親準備了雙份豬羊酒品謝禮分別酬神謝恩，

此科儀方歡喜收場。

註十四：圓潭口隘地區的耆老對於 七寸觀音媽白玉金尊、一直
流傳著另一個古老傳說，七寸白玉金尊已被超峰寺內修
行的某位師姐請走，供奉在旗山某間寺廟內，耿耿於懷
的虔誠老委員陳明雲、劉明忠等信眾、逐偕同慈雲寺主
委歐忠更先生及 觀音媽乩童林順明先生前往此寺廟尋
找，幾人於廟內擲杯信請示此事、因而得到多個聖杯指
示： 觀音媽元神早已回慈雲寺多年了、信徒們無須再
費心找尋。

註十五：國民政府遷徙來臺的五〇年代，永和里六張犁居民因地
緣關係，大多是筆者家雜貨店的長期顧客，據我母親古
添妹女士的敘述，六張犁蘭朝來先生農耕於四頁山的大
坪頂，民國四十八年發生八七水災時，導致他的耕地崩
塌下陷，因而拾獲了一組會發亮的泡茶組（七寶銅），
不幸的是、拾獲此寶物時、其剛出生不久的男孫兒高燒
不退，逐將寶物賣給收破銅爛鐵的回收商，只換來幾斗
米及退燒膏藥，此事經由其患有重聽的媳婦，揹著小
孩來雜貨店時對著筆者母親說：「將會發亮之泡茶組
的茶盤塞在屋樑上，到了晚上都不用點油燈、光閃閃
喔……」，慈雲寺劉明忠委員於大坪頂的耕地，位於蘭
朝來耕地之正下方，劉委員夫妻對此事的敘述亦大致相
同。

註十六：清朝乾隆二十七年間、台灣知縣王瑛曾奉命召集平埔族大傑巔社百餘人、在六張犂隘口、帶著眷屬墾荒種地駐守巡防，爾後平埔族人於大槍山旁供奉太祖元帥廟祭拜（座西朝東），而埤仔底粵籍陳氏宗族奉　開漳聖王旨令於同一位址供奉　土地伯公（座南朝北）石碑鎮煞，直至　觀音佛祖從大崗山超峰寺回駕慈雲寺坐鎮後，爾後再旨令本寺管理委員會從屏東車城福安宮分靈　土地公金尊，安座於同一座　土地公廟消災解厄，形成了平埔族、客家人、閩南人三族共同祭拜的種族和諧共存之奇異美景。

| 襄贊慈雲寺出版楠仔仙蟠龍七星書香芳名錄<br>（認購每本1000元） | | | | | | | |
|---|---|---|---|---|---|---|---|
| 善信大德 | 本 | 善信大德 | 本 | 善信大德 | 本 | 善信大德 | 本 |
| 李賴金美 | 3 | 許文吉 | 1 | 蔡進添 | 1 | 歐忠更 | 1 |
| 李啟明 | 1 | 賴文桃 | 1 | 林春香 | 1 | 蘭瑞敏 | 1 |
| 李啟華 | 1 | 許書榮 | 1 | 蔡豐丞 | 1 | 歐智勛 | 1 |
| 李惠雯 | 1 | 許如宏 | 1 | 黃素琴 | 1 | 蘭一涵 | 1 |
| 李祐萱 | 1 | 許峻瑋 | 1 | 蔡均釩 | 1 | 蘭瑞吉 | 1 |
| 李佳諭 | 1 | 許眞瑜 | 1 | 蔡名鈞 | 1 | 歐忠科 | 1 |
| 張歐照 | 1 | 潘耀宗 | 1 | 蔡明正 | 1 | 劉瑞櫻 | 1 |
| 楊豐旭 | 10 | 廖冠勝 | 1 | 鄭明央 | 1 | 歐育璿 | 1 |
| 林明傳 | 1 | 劉鳳英 | 1 | 蔡誌展 | 1 | 歐上銘 | 1 |
| 賴朝進 | 2 | 甘楷鈞 | 1 | 蔡佳銘 | 1 | 曾之寯 | 1 |
| 賴林容美 | 1 | 賴金箱 | 1 | 蔡昕翰 | 1 | 潘順源 | 1 |
| 賴文才 | 2 | 蔡曜隆 | 1 | 蔡昀蓁 | 1 | 古順明 | 1 |
| 賴明宏 | 1 | 蔡茹郁 | 1 | 丁盈孜 | 1 | 李佳靜 | 1 |
| 賴明昇 | 1 | 蔡豐隆 | 1 | 謝劉素綾 | 1 | 潘浩哲 | 1 |
| 賴俊穎 | 1 | 賴藝靑 | 1 | 曾信鈞 | 1 | 謝巧雯 | 1 |
| 賴靚芸 | 1 | 蔡宛柔 | 1 | 謝苑如 | 1 | 古涵鈺 | 1 |
| 賴志碩 | 1 | 蔡學詮 | 1 | 謝柏廷 | 1 | 古伊庭 | 1 |
| 陳明雲 | 2 | 陳怡安 | 1 | 陳姿伶 | 1 | 陳昭宇 | 1 |
| 陳吳新枝 | 1 | 陳　曦 | 1 | 陳科均 | 1 | 李芸渝 | 1 |
| 陳榮華 | 1 | 陳榮富 | 1 | 陳榮泰 | 1 | 陳瑄妃 | 1 |
| 林采儀 | 1 | 陳香吟 | 1 | 陳榮昌 | 1 | 陳馥莛 | 1 |
| 陳怡如 | 1 | 陳薇欣 | 1 | 洪惠萍 | 1 | 吳鈴蘭 | 1 |

| | | | | | | | |
|---|---|---|---|---|---|---|---|
| 古添妹 | 1 | 潘月娥 | 1 | 古月琴 | 1 | 林素月 | 1 |
| 吳新崑 | 1 | 陳敬勳 | 1 | 顏嘉良 | 1 | 彭瑞蘋 | 1 |
| 吳武昌 | 1 | 翁雅嬋 | 1 | 顏嘉儀 | 1 | 潘欣妮 | 1 |
| 潘月英 | 1 | 翁雅萱 | 1 | 古明源 | 1 | 蔡田香 | 1 |
| 吳承倍 | 1 | 翁仕融 | 1 | 古渼妹 | 1 | 林宜蓁 | 1 |
| 吳詠翔 | 1 | 黃念珏 | 1 | 古源妹 | 1 | 丁舜耕 | 1 |
| 潘秀英 | 10 | 翁梓瑜 | 1 | 古明生 | 1 | 高秀蓮 | 1 |
| 胡進明 | 1 | 陳尚康 | 1 | 林秀婷 | 1 | 甌仁榮 | 2 |
| 王清里 | 1 | 丁貴章 | 1 | | | | |

# 附檔圖片

（圖01）台灣知府蔣允焄乘坐四神獸轎

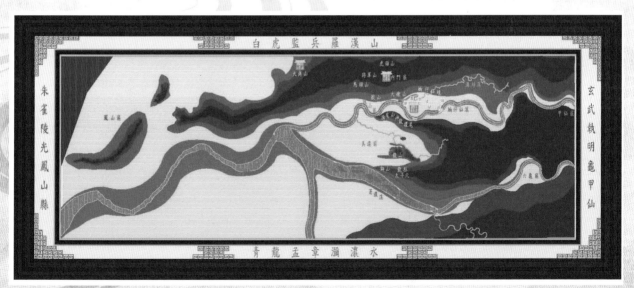

（圖02）太極四象楠仔仙蟠龍七星圖

（圖03）蓮花皇后穴袖裡乾坤之大槍山

（圖04）虎嘯風雲將軍追馬之馬頭山

（圖05） 青龍孟章震木龍肚群山.獅山.龜山

（圖06）神龍擺尾之旗尾山遠近高低景象

（圖07）大槍山制煞土地公平埔族太祖元帥

北斗七星天樞宮貪狼星（田單營　圖08）內門永興里及永吉里交界

北斗七星天璇宮巨門星（嵩山營　圖09）太極四象東震青龍水路

北斗七星天璣宮祿存星（華山營　圖10）太極四象東震青龍水路

北斗七星瑤光宮破軍星（埤仔底　圖11）太極四象東震青龍水路

七星墜地斗杓七星石（大崗山超峰寺　圖12）蔣允焄知府建廟石碑

內門區紫竹寺之七星洋（圖13）大崗山超峰寺之七星石

北斗七星開陽宮武曲星（八軍團　圖14）太極四象西兌白虎水路

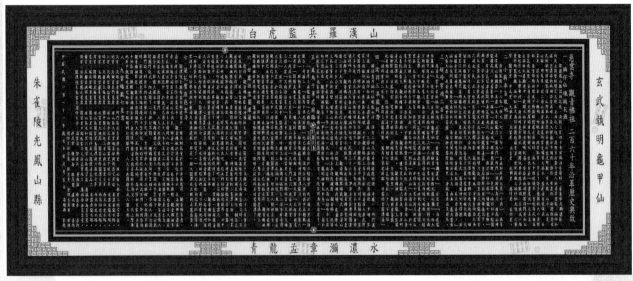

（圖15）圓潭慈雲寺 觀音佛祖 二百六十年沿革歷史典故

（圖16）牙膏廣告車前五歲的筆者及三位姊姊

（圖16）十七歲的鄧麗君
拍攝七星牙膏廣告

國家圖書館出版品預行編目資料

楠仔仙蟠龍七星：歷史典故／孫源著.  --初版.--
高雄市：潘順光，2023.9
    面；  公分
ISBN 978-626-01-1517-3（平裝）
1.CST: 臺灣史 2.CST: 歷史故事
733.21                          112011500

# 楠仔仙蟠龍七星：歷史典故

作　　者　孫源
發 行 人　潘順光
出　　版　潘順光
　　　　　高雄市旗山區圓富里2鄰泰山2巷1號
　　　　　電話：0968-892586
　　　　　傳真：（07）0693-607
設計編印　白象文化事業有限公司
　　　　　專案主編：李婕　經紀人：張輝潭
經銷代理　白象文化事業有限公司
　　　　　412台中市大里區科技路1號8樓之2（台中軟體園區）
　　　　　出版專線：（04）2496-5995　　傳真：（04）2496-9901
　　　　　401台中市東區和平街228巷44號（經銷部）
　　　　　購書專線：（04）2220-8589　　傳真：（04）2220-8505
印　　刷　基盛印刷工場
初版一刷　2023年9月
定　　價　320元

白象文化　印書小舖　出版‧經銷‧宣傳‧設計
www.ElephantWhite.com.tw
自費出版的領導者　購書 白象文化生活館